名誉主编／饶宗颐

经典之门

哲学宗教篇

周锡䪖 吴震等／著

华夏出版社
HUAXIA PUBLISHING HOUSE

图书在版编目（CIP）数据

经典之门.哲学宗教篇/周锡䪖等著.--北京:华夏出版社,2019.10
ISBN 978-7-5080-9756-5

Ⅰ.①经… Ⅱ.①周… Ⅲ.①古籍－汇编－中国②宗教哲学－古籍－汇编－中国 Ⅳ.① Z422 ② B920

中国版本图书馆CIP数据核字(2019)第092957号

著作财产权人 ©2017 中华书局（香港）有限公司

本书中文繁体字版本由中华书局（香港）有限公司在香港出版，今授权华夏出版社在中国大陆地区出版其中文简体字版本。该出版权受法律保护，未经书面同意，任何机构与个人不得以任何形式进行复制、转载。

版权所有　翻印必究
北京市版权局著作权合同登记号：图字01-2018-7344号

目录

序

饶宗颐 序／中国梦当有文化作为 001

陈耀南 序／中华经典古，今人惠泽新 007

李焯芬 序／现代人为什么要读经典 011

易学

《周易》导读

神奇的易经　周锡䪖 002

儒学

《礼记》导读

为什么我们今天还要读《礼记》　刘志辉 054

《孝经》导读

——在「孝」以外——《孝经》的现代诠释　刘志辉 —— 078

《孔子家语》导读

圣人立体生命的彰显　潘树仁 —— 096

《近思录》导读

宋儒的天道论与人道论　杨祖汉 —— 114

《传习录》导读

阳明学的传世经典　吴震 —— 146

佛经

《心经》导读

空而不空的人生大智慧　净因法师 —— 158

《金刚经》导读

　　无住生心　净因法师 —— 172

《佛说阿弥陀经》导读

　　有信念的地方就有奇迹存在　净因法师 —— 186

《佛说观无量寿佛经》导读

　　心如工画师，有愿皆成就　净因法师 —— 200

《佛说无量寿经》导读

　　善念善行，善作善成　净因法师 —— 210

《六祖坛经》导读

　　迷悟一念间　净因法师 —— 224

杂类

《黄帝内经》导读

天佑中华有中医　苏晶 —— 244

《淮南鸿烈》导读

宇宙人生系统的精微智慧　潘树仁 —— 256

《颜氏家训》导读

辨时俗之谬，述立身之法，育通识之才　李小杰 —— 278

《围炉夜话》导读

帝制末期的秩序忧虑与省思
——王永彬及其《围炉夜话》　何淑宜 —— 296

跋

为读者开启通往传统经典的大门 —— 315

中国梦当有文化作为

饶宗颐 序

二十一世纪是我们国家踏上"文艺复兴"的新时代,中华文明再次展露了兴盛的端倪。我们既要放开心胸,也要反求诸己,才能在文化上有一番"大作为",不断靠近古人所言"天人争挽留"的理想境界。

二〇〇一年,我在北京大学的一次演讲上预期,二十一世纪是我们国家踏上"文艺复兴"的新时代。而今,进入新世纪第二个十年,我对此更加充满信心。

现在都在说"中国梦",作为一个文化研究者,我的梦想就是中华文化的复兴。文化复兴是民族复兴的题中之义,甚至在相当意义上说,民族的复兴即是文化的复兴。"天行健,君子以自强不息。"我们的文明,是世界上唯一没有中断过的古老文明。尽管在近代以后中国饱经沧桑,但历史辗转至今,中华文明再次展露了兴盛的端倪。

推动文化的复兴,我辈的使命是什么?我以为,二十一世纪是重新整理古籍和有选择地重拾传统道德与文化的时代,当此之时,应当重新塑造我们的"新经学"。我们的哲学史,由子学时代进入经学时代,经学几乎贯彻了汉以后的整部历史。但五四运动以来,把经学纳入史学,只作史料看待,未免可惜，也将经学的现实意义降到了最低。现在许多简帛记录纷纷出土，过去自宋迄清的学人千方百计求索梦想不到的东西，而今正如苏轼所说"大千在掌握"。我们应该如何善加运用，重新制订新时代的"经学"，并以之为一把钥匙，开启和光大传统文化的宝藏？长期研究中，我深深感到，经书凝结着我们民族文化之精华，是国民思维模式、知识涵蕴的基础，是先哲道德关怀与睿智的核心精义、不废江河的论著。重新认识经书的价值，在当前有着重要的现实意义。甚至说，这应是中华文化复兴的重要立足点。

"经"的重要性自不待言。因为它讲的是常道，树立起真理标准，去衡量行事的正确与否，取古典的精华，用笃实的科学理解，使人的生活与自然相协调，使人与人之间的关系臻于和谐的境界。经的内容，不讲空头支票式的人类学，而是实际受用有长远教育意义的人智学。

"经"对现代社会依然很有积极作用。汉人比《五经》为五常，《汉书·艺文志》更把《乐》列在前茅，乐以致和，所谓"保合太和"，"致中和，天地位焉，万物育焉"，"和"体现了中国文化的最高理想。五常是很平常的道理，是讲人与人之间互相亲爱、互相敬重、团结群众、促进文明的总原则。在科技发达、社会巨变的时代，如何不使人沦为物质的俘虏，如何走出价值观的迷阵，求索古人的智慧，应能收获不少有益启示。

西方的文艺复兴运动，正是发轫于对古典的重新发掘与认识，通过对古代文明的研究，为人类知识带来极大的启迪，从而刷新人们对整个世界的认知。中国近半个世纪以来地下出土文物的总和，比较西方文艺复兴以来考古所得的成绩，可相匹敌。令人感觉到有另外一个地下的中国——一个在文化上鲜活而又厚重的古国。对此，我们不是要照单全收，而应推陈出新，与现代接轨，把前人保留在历史记忆中的生命点滴和宝贵经历的膏腴，给予新的诠释。这正是文化的生命力所在。

二十世纪六十年代，我的好友法国人戴密微先生多次说，他很后悔花了太多精力于佛学，他发觉中国文学资产的丰富，世界上罕有可与伦比。现在是科技引领的时代，但人文科学更是重任在肩。老友季羡林先生，生前倡导他的天人合一观。以我的浅陋，很想为季老的学说增加一小小脚注。我认为"天人合一"不妨说成"天人互益"。一切的事业，要从益人而不损人的原则出发，并以此为归宿。当今时代,"人"的学问比"物"的学问更关键,也更费思量。

作为一个中国人,自大与自贬都是不必要的。文化的复兴,没有"自觉""自尊""自信"这三个基点立不住,没有"求是""求真""求正"这三大历程上不去。我们既要放开心胸,也要反求诸己,才能在文化上有一番"大作为",不断靠近古人所言"天人争挽留"的理想境界。

郑炜明博士整理
载《人民日报》二〇一三年七月五日五版

陈耀南 序

中华经典古，今人惠泽新

现在，几乎人人都有一部智能手机，日新月异、奇妙无比了，还读什么"经典"——尤其是中国的经典？

是的，近代中国的学术文化，比起西方先进，表现了若干方面的落后；不过，有史以来，中国也曾有不少超前——而且，无可否认，有些还具备永恒价值，可说万古常新。谁说中国人不能"穷、变、通、久"，"贞下起元"，再开新路？

中国是如此广土众民，历史持续而悠久，影响深远而重大——所谓"文化""文明""开物成务""兴神物以前民用"……所谓"志道、据德、依仁、游艺"，"知命守义"，"忠恕"……所谓"有无相生""正反相成""致虚守静""见素抱朴"等等出于华夏哲人，以至初兴于天竺而发扬光大于中土高士的"五蕴皆空""慈悲喜舍"，减除因生死人我差别而致的大苦大痛，种种现代更觉迫切珍贵的智慧理念，就是出于或者持久普及于中国经典。对这一切，我们怎可视而不见、习而不察、有而不珍？今日今时，凤凰火浴，重新振起，腾飞世界，造福人类，岂不是有心人之所同盼、有目人之所共睹？

更何况，即使"世界市场"之类意义暂且不谈，"中文""中国"，对我们来说，毕竟是水之有源、木之有本，谁可以——怎可以——真的斩断？

所以，中华文化经典，不可不爱护、学习，不可不继承、推广！

所谓"经典"，就是经历了无数考验，仍是大家心悦诚服、可资指导言行的文字记载。泛观博览、精细研究这些记载，我们可以了解人性人情、洞明世务（特别是中华文化精神），于是知所选择继承、发扬光大；并且，目染耳濡，用语行文，我们提升了吸收与表达能力，增加了智慧与乐趣——这些，我们可以从三方面再加阐发：

首先，"天地之大德曰生"——"德"者，性能、作用——作为万物之灵的人类，更能理性自觉地、不懈追求幸福地生存与进步。为此，物质与精神各方面的生活质素就得以继续提升，表现为器材技艺、经济政治、法律道德、哲学宗教等等，由外在而内心的种种文化现象与成绩，而记录于人类特有的文字，集结、精选，就成为"经典"，此其一。

其次，在文化的累积与发展中，人们研究、发现、掌握多变现象背后不变（起码是相对稳定）的道理规律，于是执简驭繁，这就是中国古人所谓"易简而天下之理得"——诸如：友爱亲情之可珍、斗争仇恨之可惧、良辰好景之可幸与可喜、天道命运之可信或可疑。诸如此类，是否"太阳之下无新事"？是否不管如何,都"前事不忘,后事之师"?此其二。

第三,"时有古今,地有南北,字有更革,音有转移,亦势所必至",明朝学者陈第的专业心得也好,希伯来古代智慧"巴别塔"典故的喻示也好,人类语文的演化与分歧,是人所共知的事实。不过,人又有神奇的学习与沟通能力,透过翻译和解说,古与今,中与外,隔膜就得以消除,文化就得以交流、承继。特别是我们的汉字中文,"金入洪炉不厌频",经过百多年来严苛的怀疑、轻蔑、考验、批评,它难得的精简与稳定特质,与口头汉语适切配合的优点,理应更受珍视。透过视野的扩大与适当的更新,认真而合时的译解,文、史、哲、教种种范畴的华夏经典,垂世行远,光大发扬,就在于今日!

中华书局(香港)有限公司"新视野中华经典文库",数载有成,业绩彪炳,现在把"文库"中五十种书的导读合编为一集,以利参考、观览,就如从上古到近世《七略·六艺志》《隋书·经籍志》《四库提要》的贡献与功能,实在是嘉惠士林、功在社会。笔者有附骥之荣,谨致芜辞,诚为之贺!

陈耀南于悉尼
二〇一六年五月三十日

李焯芬 序

现代人为什么要读经典

英国牛津大学有位历史学家,名叫汤因比(Arnold Toynbee,一八八九——一九七五)。他著作等身,代表作是十二卷的《历史研究》(*A Study of History*);书中深入分析了人类文明的历史进程。学界一般认为他是二十世纪最伟大的历史学家。二十世纪七十年代,汤因比在他晚年的一些著作和访谈中,不时谈到他对二十一世纪人类社会的一些预测和忧虑。他在分析文明史的基础上,预见到二十一世纪的人类社会科技不断进步,物质生活非常丰富;但人会变得越来越以自我为中心,越来越自私,物质欲望不断膨胀。这将对地球的自然资源造成越来越大的压力;而人与人之间、族群与族群之间的冲突亦越来越尖锐。从人类文明可持续发展的角度看,汤因比认为二十一世纪的人类社会需要重新审视并践行中国传统文化的价值观,特别是儒家思想与大乘佛教。

四十年后的今天,我们重温汤因比的这些预言,不无感触。过去的教育,既重视知识的传播,亦同时重视人的教育,特别是品德的熏陶。今天的教育,基本上以知识教育为主导。知识的不断膨胀,造成了越来越多的新科目,以及永远也教不完的新课程。展望将来,网络教育(e-learning; mobile learning）的比例会越来越重。同学们忙于低头看他们的手机或 iPad，从中汲取他们所需要的各种知识或讯息。君不见：一家人外出吃顿饭，各人在饭桌上往往忙于看自己的手机，闲话家常式的分享明显减少了。不少教育界的同工对如何在网络时代推行德育（或人的教育）感到困惑。这不啻是汤因比所预见的现代人越来越以自我为中心、人与人之间关系越来越疏离的现象。汤因比的命题是现代人如何在物质文明与精神文明之间取得更合理的平衡。从现代教育的角度看，则是如何在知识教育与人的教育之间取得更合理的平衡。

汤因比认为人类社会要持续发展，就必须处理好这些失衡的现象。而儒家思想和大乘佛教正可以帮助二十一世纪的人类社会在物质文明与精神文明之间取得更均衡、更和谐的发展；从而让现代人生活得更有智慧、更称意、更自在。我们回顾中古时代的欧洲，文艺复兴让当时的欧洲人生活得更有智慧，思想更开放和活跃，因而成就了后来的工业革命、科技不断进步和强大的欧洲。正如饶宗颐教授所指出的，促进欧洲文艺复兴的正是欧洲人对重新研读古希腊、罗马经典的兴趣和热潮。欧洲人从经典中得到了无穷智慧以及发展的动力。

就在这个有趣的历史时刻，基于出版人的文化使命感和社会承担，中华书局（香港）有限公司出版了一套五十本的"新视野中华经典文库"；并把每本的导读抽出、结集成为这套名为《经典之门：新视野中华经典文库导读》的集子，作为阅读经典的入门书。书中的每一篇经典导读，均是针对现代人对经典智慧的需求而写成的，因此既具现代视野，亦契合现代人的需要。

汤因比预见了中华经典智慧对社会的价值。从个人的角度看，中华经典智慧亦能帮助现代人更好地面对社会的种种压力，妥善处理好各种矛盾，从而让大家生活得更称意、更自在。我们今天的社会，竞争比以前更激烈，生活和工作压力比以前更大。单以香港为例，二十世纪六七十年代的香港只有二三千大学生。今天香港大学生逾十万。不但毕业后找工作比从前难，连升职亦比从前难。我们的许多大学毕业生，很少有下午五点钟下班的，经常是傍晚七点或更晚才能下班。有人回家以后还要用手机或计算机继续工作。中华经典中有不少人生智慧，可以帮助我们更坦然地应付这些生活和工作中的压力和挑战，更善巧地处理好人际关系，帮助我们走上事业成功的坦途，同时获得别人的尊敬、精诚合作和支持。换句话说，研习中华经典，可以补现代知识教育的不足，让我们除了现代专业知识之外，还具有人生智慧，懂得待人接物，事业上更成功，生活得更幸福快乐。

中华经典智慧，无论是对人类社会的未来，抑或是对个人的成功和幸福，都具有巨大的价值和意义。

香港大学饶宗颐学术馆馆长　李焯芬
二〇一六年六月

易学

《周易》导读

神奇的易经

香港大学哲学博士，
国际易学联合会理事

周锡䪖

《易经》,即《周易》六十四卦卦形与卦爻辞,是中国传世最古老的典籍之一。它有数千年的历史,但至今风采依然,不仅未呈"老态",反更魅力四射:除了中国大陆、台、港、澳(门)之外,在世界各地,尤其是日、韩、新、马、泰以至欧洲、美洲、澳大利亚,都引起人们越来越大的兴趣和关注,学《易》、研《易》蔚然成风,专门学会纷纷设立,学术刊物定期出版,国际研讨会亦不断召开,二〇〇四年还成立了"国际易学联合会",并每隔一年,依次在北京、台南、首尔、香港举办有多国学者参加的学术年会,研究热潮可谓方兴未艾。这在世界文化史上也是罕见的现象。

出现这种盛况,相信与此书博大精深却又神秘玄妙的性质大有关系。

历史上,《易经》是中国儒家的群经之首,又是道家"三玄"(老、庄、易)之一,在现代更被尊为"中国文化之源"。它以特强的影响力、渗透力、涵盖力,融入中华民族的语言、习俗、思维方式之中,几乎已成为人们日常生活的一部分。例如成语中的"革故鼎新"、"否极泰来"、"一阳初复"、香港电视剧名《九五至尊》、流行曲名《潜龙勿用》,等等,全部都来自《易经》。又如《豫》卦六二爻辞:"介于石，不终日。贞吉。"《象》传云："'不终日。贞吉。'以中正也。"便是蒋介石名中正这一名与字的由来。毛泽东有句名言："穷则思变，要干，要革命。"其理念与词句的本源也几乎全出于《易经》和《易传》（先秦时期对《易经》的阐释、解读），《易·系辞下》云："易穷则变，变则通，通则久。"《蛊》卦初六爻辞："干父之蛊。"干，意为办理、整治，引申为做、拼搏。《革》卦《象》曰："革而当，其悔乃亡。天地革而四时成；汤武革命，顺乎天而应乎人。"

至于德国学者莱布尼茨（一六四六——一七一六）创立的数学二进位制与《易经》六十四卦图相合（太极生两仪，两仪生四象，四象生八卦……），以及丹麦学者、量子力学创始人玻尔（一八八五——一九六二）提出的"互补理论"与太极图（又名"双鱼图"）相通等等，早已为中西学界所津津乐道。而韩国国旗的图案设计，更直接采用了《易》卦（用乾、坤、坎、离 四经卦）与太极双鱼图。《易经》这本古老经典的影响真可称得上是无远弗届，历久常新。

二、《周易》之名义与架构

（一）易、三易、《周易》

易，按甲骨文构形，意指把液体从一盛器倒进另一盛器，本义是倾注、赐赠，引申作更替、交换、变化之意，为动词。（又可作形容词，释为简易、轻慢。）再进而用作名词，成为上古一类典籍的统称。《说文解字》介绍的易为"蜥蜴"或"日月为易"等见解，都是按后来蜕变了的字形而望文生义之说，不足为据。

《周礼·春官·大卜》云："大卜……掌三《易》之法，一曰《连山》，二曰《归藏》，三曰《周易》。其经卦皆八，其别皆六十有四。"《连山》《归藏》《周易》这三种书可能都是以六十四卦卦爻的结构及其变换，表征事物的存在方式与发展态势，"动"感十足，因此统称为"三易"。其中《连山》据传是夏朝的易书，《归藏》是商朝的易书，《周易》就是周朝的易书。《连山》易以《艮》卦为首，艮形象征山，两山重叠，故称《连山》（一说，神农又号连山氏或列山氏，因以为名）。它反映的应是上古先民"穴居野处"，靠山吃山，以狩猎、捕鱼为主要生产方式时代的生活、思想状况。《归藏》易以《坤》卦为首，坤形象征河川大地，有平顺的特点，代表女性；大地博纳广容，万物莫不归藏于其中，故得此名（一说，黄帝号归藏氏，因以为名）。它反映的应是早期农业社会人们的生活、思想状况，也是母系为尊时代的表征。《周易》改以《乾》卦居首，乾为天，为健，代表男性，以《乾》卦为首，说明周朝已由母系社会发展为父权社会，反映了时代的变迁、演进。后来《连山》《归藏》易散佚失传（仅在古书中保存了一些零碎资料），剩下《周易》一枝独秀，所以典籍中经常用《易》称代《周易》。

关于《周易》的名义还有些其他解释。比如说周为"周普"，即广泛遍及，"言易道周普，无所不备"之意（郑玄《易论》）。又说"易一名而含三义：易简一也，变易二也，不易三也"（《易纬·乾凿度》《易论》），等等。那些都是汉人研《易》的体会心得，反映了易道博大精微的若干特点，但是，这却并非《周易》得名的本意。

孔子（前五五一——前四七九）"老而好《易》，居则在席，行则在囊"（《马王堆汉墓帛书·要》），说："加我数年，五十以学《易》，可以无大过矣。"（《论语·述而》）并对门下弟子讲授过不少研读《周易》的见解和心得，人们据之辑缀成文，其中七种共十篇

（即《彖》上、下，《象》上、下，《系辞》上、下，《文言》，《说卦》，《序卦》和《杂卦》）广泛流传，汉时称为"十翼"（翼是羽翼、辅助正文之意），成为最早一批注解、评释、导读《周易》的著述。

（二）《易经》与《易传》

由于孔子晚年重《易》，精心研《易》，《周易》成为儒家传习的主要经典之一，因此被尊为"经"，名《易经》，在战国时开始与《诗》《书》《礼》《乐》《春秋》合称六经。"十翼"既是辅助阅读经文之作，所以称为《易传》（"传"，仄声 zhuàn，有诠释、疏解之意）。汉朝独尊儒术，《周易》便扩大至包含了"经""传"两部分内容。其中《易经》就是六十四卦卦形与卦爻辞，即原来的《周易》；《易传》就是指《彖》《象》等七种（共十篇）注《易》解《易》之作。由近年考古发现得知，这类注《易》解《易》的作品当时还有不少（例如一九七三年出土的马王堆汉墓帛书中便另有《二三子》《易之义》《要》《缪和》及《昭力》等好几篇），只是运气欠佳，未得流通于世而已。

应当注意的是，《易传》虽因成篇的年代较早（现在一般认为是春秋末至战国时），保存了不少难得的资料和中肯的意见，但毕竟与《易经》的成书时间已至少相去数百年，有的就算确为孔子的观点，也有不少自由比附发挥、似是而非之处，并非"句句是真理"，所以只能视为后人大量注《易》研《易》著作的一部分（当然是极可宝贵的一部分），可作参考，但若要求得对《周易》原旨确切的理解，还必须从本经着手，直探真源，那样才不至舍本逐末。因此，本书〔指中华书局（香港）有限公司出版的"新视野中华经典文库"之《周易》〕内容的主角，始终是《易经》。至于《易传》里那些合理的意见，本书已充分纳入"《易经》六十四卦"的注析中。

三、《易经》的性质及其现代价值

《易经》包含天地万物之理，却仅以阴阳二爻构成，可谓"既古老，又时尚；既玄妙，又简单"（汉人说"易"为易简，确有其道理）。那么，它到底是本什么书？这问题近世以来引起过不少争议：有人认为它是占筮书，有人认为是哲理书，也有人认为纯粹是历史书，是文、武、周公灭纣兴周过程的具体记录，而更有人直指是当时某某官员用曲笔写成的"自传",等等。

我对此进行过探究,得出的结论是:《易经》含弘广大,微妙玄通,是本独特而奇异的著作,它的性质应分别从"体""用"两方面去辨析和界定。

第一,如按其本体、实质来说,《易经》草创于西周初(公元前十一世纪中)而著成于西周后期(约公元前九世纪中期),是司马迁(前一四五或前一三五—约前八六)所撰《史记》之前中国最早的一本百科全书。它汇聚了古圣先贤的睿智,融贯古今资料,以当时新兴的审美艺术形式(韵文),去反映和表达宇宙自然变化的规律以及社会人生哲理、历史经验、政治观念和生活智慧,具有极其宝贵的文化价值。特别是全书六十四卦的结构系统,其一起(《乾》《坤》)一结(《既济》《未济》)与中间诸卦卦序安排所体现的绵密逻辑性与丰富的辩证思想,更属难能可贵,尤应得到现代人的推崇与珍视。《易经》文字精约,而内容宏富,从宇宙起源、物候变迁,到人世间的军、政、财、文、史、哲、宗教、教育、道德、伦理、婚姻、家庭、行旅等等,几无所不包,有关修(身)、齐(家)、治(国)、平(天下)的理念与方法,全涵括在内。说它是中国第一部百科全书,甚至推许为"中华文化之源",都不算过誉。这是从其"本体"一面看。

第二,从"用"的一面看。《易经》在占筮中形成,为占筮而编撰,而从它诞生之日起,在相当长一段时期内,也主要是用来占筮,因此毋庸置疑,它确是一本占筮书。这从充满全书的"吉、凶、悔、吝、厉、利、无咎"等占筮术语,以及众多典籍(例如《左传》《国语》《周礼》《史记》《汉书》……)与出土简帛文献(例如包山楚简卜筮简、战国楚竹书《周易》、马王堆汉帛书《周易》、阜阳汉简《周易》等等)所载大量与它相关的资料以及占筮记录等都足以证明。

综上所言,可以得出结论:《易经》是一本以百科全书为"体",而以占筮为"用"的性质奇特的典籍。它蕴含渊懿微妙的哲思,表达敬德、重民的治国理念,保留了好些商、周的史实,盛载大量的上古文化遗存;同时,由于它以特殊的表述方式所揭示的自然、历史、社会演化通则和人生理念,不少又是具有本体性、周遍性、持续性的,故人们又往往会发现,它常与现代科学原理相通。因此在今天,《易经》可以为自然科学与人文社会科学的研究,包括天文、地理、物理、数学、医学、经济学、军事学、哲学、史学(思想史、政治史、社会史、文化史）、文学、语言学（训诂、音韵、词汇、语法、修辞学）等众多领域，提供许多有用的资料、线索和发人深省的启示。而更令人啧啧称奇的是，今天据以占问、预测，有时仍相当准确，似乎确有"天机"隐存其中。

四、《易经》蕴含的精义妙理

《易经》蕴含的宇宙、人生之精义奥理，在今天仍有重大参照作用和启发意义的，至少有如下多个方面：

1.渐进发展规则，生灭盛衰过程：事物往往经历由少而长，由低而高，由弱而强，由萌芽、发展、壮大再逐渐走向衰亡的阶段，这在《乾》《渐》等卦中有较突出的反映。

例如《乾》卦各爻由龙潜伏水中，到露出地面，到跃起半空，到飞到天上，再飞到极高处，顺次取象，层次井然。飞到天上是春风得意，可以尽展平生抱负之时；而飞至极高处则过犹不及，故"有悔"，意味着陷于困境，开始走向下坡。

《渐》卦六爻描述鸿雁如何从河滩开始逐步登

高，最后"其羽可用为仪"，意味着生命完结（同时也是另一新循环的开始），便同是以象征、比喻手法体现上述生灭盛衰、周期变化的道理。《乾》《渐》等卦爻辞形象地说明，世间任何事物都不会长盛不衰，恒久不变。假如自诩英明神武、曾一度威风八面的秦皇、汉武等辈能及早领悟此一《易》理，便不会惑于方士之言，去大肆劳师动众，徒然追寻那长生不死之药，做白日飞升的美梦，而为天下后世讥嘲了。诚如唐代诗人李贺所云：

> 武帝爱神仙，烧金得紫烟。厩中皆肉马，不解上青天。（《马诗》之二十三）

回看今天的世界，自二十世纪九十年代苏联解体后，美国成为唯一超级霸权大国，踌躇满志，颐指气使，自以为"飞龙在天"，可以为所欲为，但自二〇〇一年"九一一"遇袭，接着挥军入侵阿富汗、伊拉克，却泥足深陷于所谓的"反恐"战争多年，又经历金融风暴、经济衰退、财政危机等重重打击，在连番摧折之下，国力虚耗，元气大伤，债台高筑，窘态毕呈，其骄横不可一世的气焰已遭重挫，霸权地位大大动摇。它是否正步以往法、德、英等曾相继称雄于世的"列强"先辈的后尘，不可逆转地逐渐走上"亢龙有悔"的衰颓之路，已越来越引起寰球舆论的热议和关注。

而形成对照的是，中国自二十世纪七十年代后期"文革"结束以后，尤其是近十年（二〇〇一—二〇一一）中，已从韬光养晦的"潜龙勿用"，到快速崛起，呈现"见龙在田""或跃在渊"之生气蓬勃的发展态势：国内生产总值（GDP）超越日本，成为世界第二大经济体；外汇储备居于世界第一，并取代日本成为美国最大债权国；又取代德国成为世界最大出口国；近年则致力"坚持实施扩大内需战略，着力调整优化需求结构，保障中国经济实现更长时间、更高水平、更好质量的发展"（时任总理温家宝在第五届达沃斯论坛上的讲话，二〇一一年九月十四日，大连）。正如舆论所云：美国国力在过去十年明显走下坡路，中国等新兴国家崛起，经济重心由西方转至东方，改写全球政经格局。到底实际前景将会如何，大家不妨拭目以待。

2. 物极必反，穷则生变：《乾·上九》之"亢龙有悔"，《坤·上六》之"龙战（接）于野"，《否·上九》之"倾否，先否后喜"，《泰·九三》之"无平不陂，无往不复"，《既济》之"初吉，终乱"，以及六十四卦以《未济》为结束等等，无不反复说明这一道理，显示出十分可贵的辩证思想。

《坤》为纯阴之卦，至上六爻，穷阴极寒，急需阳气灌注，于是便有"天龙接地"（实际是彩虹垂野），天地交合，复生万物之象。《否·上九》是《否》卦最上一爻（"否"，音痞，是闭塞不通、坏劣不善之意，可指坏人坏事），《否》卦到了尽头就要倾覆其否，令情况由坏变好，所以有"先否后喜"，即"否极泰来"之兆。《既济》之"初吉，终乱"刚好相反，是开始吉利，最终出乱子，意味着情况将会由好变坏，即由《既济》向《未济》转化，所以如果占得此卦，君子当居安思危。而以《未济》卦终结《易经》全书，也无非借此昭告世人：事物发展不会穷尽，"穷则变，变则通，通则久"，经历变化的洗礼之后，又会重新出发，展开一段新的旅程。世界就是如此生生不已。

《易经》除阐明上述生灭盛衰、穷变通久的发展演化规律之外，还蕴含其他不少有关宇宙人生的至言妙理。

3. 自强不息，厚德载物：《乾》卦《象》传云："天行健，君子以自强不息。"《坤》卦《象》传云："地势坤，君子以厚德载物。"勉励君子当效法天体之坚毅刚健、周流不息，从而孜孜不倦地奋发自强，建功立业；同时，又须效法大地之坦荡辽阔，修养成优良的品格，以广博的襟怀包容万物，承担责任。这种精神是人类社会可持续发展的重要柱石之一，亟须珍视，并予以发扬光大。

4. 主中正，无过无不及：六十四卦每卦由上、下两经卦（三画之卦称为经卦）组成，每卦六爻，从下往上数，一、三、五爻为阳位，二、四、六爻为阴位。若阴爻居阴位、阳爻居阳位，谓之得正位；凡位正者有利，反之则否。又，二爻为下卦之中位，五爻为上卦中位，爻居中位多吉，故《易·系辞下》云："二多誉，四多惧……三多凶，五多功。"可见"中正持平"，不偏不倚，遵从正道，不采偏激、极端立场，不走歪门邪道的重要。

5. 贵得时，与时偕行：凡事总要合乎时宜，量力而为，根据不同的地位、条件与情况，看准时机，该行则行，该止则止，不可怠惰，也不可妄动、躁进。

如《乾·初九》云："潜龙勿用。"《需·初九》云："需于郊，利用恒。无咎。"（译：守候在郊野，利于有恒心。没有祸患。）需，就是守候。那是由于时机尚未成熟，条件还不具备，故需要忍耐、等待。而《大有·上九》云："自天祐之。吉，无不利。"

（译：上天保佑他。吉祥，无所不利。）则是因为条件酝酿成熟，行动时机已至，故可全力出击，大展宏图，一切如有神助，无往而不利。

这些都告诉我们凡事不可勉强而为，一切必须"应乎天而时行"，进止有度。若时机未至便不宜行动，而不要违背客观条件，自以为是，执意自行其是。否则，重则头破血流，一败涂地；轻亦无功而返，或事倍功半，浪费许多人力资财。反之，若时至而不行，则又会错失机会，虚掷光阴，酿成无穷的懊悔。

6. 满招损，谦受益：《益》卦最后受损，而《谦》卦诸爻皆吉，正是明白昭示这一做人处事的道理。《益·上九》云："莫益之，或击之。立心勿恒，凶。"（译：无人助益他，却有人打击他。如立志不够坚定，凶险。）幸运之人多顺境，久而久之，志得意满，忘乎所以，最后头脑发热，以为可以想做就做，定必路路畅通，能人所不能，结果终于泡沫爆破，噩梦来临。无论历史与现实，也无论战场、商场、赌场、考场、情场，或者政坛、股坛、体坛、艺坛、讲坛，以至社会人事许多重大纷争与机会竞逐，从来都不乏"欲益反损""骄兵必败"的深刻教训。

再来看《谦》这一卦，每一爻都是吉利的，在

《易经》全部六十四卦中，仅有《谦》卦是如此。其寓意已经明白不过，无须多言了。

7.尚和谐，阴阳互补：《易经》里，每当阴、阳爻相应则吉，相遇则通。比如卦爻辞中数见"得尚"（得同心之友相助）之语，皆指相关的阴、阳爻有良好的感应、互动、协同关系。

8.行变革，顺天应人：社会需要和谐，才能稳定发展，但又不能藏污纳垢、姑息养奸，故问题累积到一定时候，就要着手解决深层次矛盾，除旧布新，革故鼎新，令发展进一台阶，开创新的局面。《革》卦《彖》辞："天地革而四时成；汤武革命，顺乎天而应乎人。"正是用自然界的四季更替，说明人类社会也应适时变革的道理。

9.主张德治、仁政，反对霸道、苛政。这在《临》卦中有最清晰的反映。该卦言统治术，除"甘（拑）临"（以拑制的高压手段统治民众）为"无攸利"之外，其他"咸（感）临"（以感化方法治民）、"咸（諴）临"（以和手段治民）、"知临"（以明智之道治民）等等都是"吉"或"无咎"，可见《易经》作者的政治取向。

10.中心诚信，无往不利。（见下文说解。）

五、说"孚"——华夏德性之光

提到德治、仁政，便不能不谈及全书多次出现的"有孚"的"孚"字。

中华民族是讲诚信、重道德的民族，这一传统可上溯至周初，根深蒂固，源远流长。《周易》经文中的"孚"字，便集中体现了周人"重德"的思想，是中华道德传统的一个重要源头，闪耀着千古不灭的华夏德性之光。

《易经》的"孚"（fú 俘）字，传统上皆释为"信"（见《易传·杂卦》《尔雅·释诂》《说文》及《周易集解》《周易正义》等），主要指人的诚信。但近世以来，随着"疑古"之风的盛行，各种新见异说便纷起蜂出，引起释读之疑惑，对人们正确理解《易经》，深入阐发其精义妙理，造成一定的干扰、影响。

这诸多新见中，或把"孚"字释为俘获的"俘"，或释为惩罚的"罚"；有人又解释为"卦兆""征兆"或占筮的"征验"之类，遂逐渐向殷商甲骨卜辞靠拢；到近年，便更多地集中指向释为"保""抱""覆""辅"等意思，指上天、神灵对人的辅助、庇佑，直接与甲骨卜辞中大量出现的"有又（祐）""有保"等用语等同起来。这些意见，多从文字学角度着眼，较少顾及《易经》作为西周朝廷筮书，必然充分反映官方统治思想此一特点，所以虽然在字形、音理上有一定依据，有其参考价值，但实际上，因未能结合周朝社会状况以及文本整体内容去考察，所以得出来的结论，往往顾此而失彼，偏离当时社会主流思想意识形态，在西周历史大环境中，总显得扞格难通。

因此，必须拨乱反正，还"孚"字本来面目，以揭示中华民族渊源久远的重德传统，彰显华夏德性之光。

（一）"孚"字当释为"信（诚信）"

王国维说："中国政治与文化之变革，莫剧于殷周之际。……殷周之兴亡，乃有德与无德之兴亡，故克殷之后，尤兢兢以德治为务。"他博采甲骨卜辞与六经文献等上古资料，从多方面详加分析，且特别指出："故知周之制度典礼，实皆为道德而设。"（见王国维《殷周制度论》）其说颇有道理。因为商人在东，周人居西，虽长期有宗主、附庸关系，但本属发展状况不同的部族，所以商、周易代不纯是一般改朝换代的政权更迭，而更多的是"旧制度废而新制度兴,旧文化废而新文化兴"(《殷周制度论》)的一场牵连甚广的革命,人们的思想观念和社会制度都发生了巨大变化。

商人笃信鬼神,并视皇天上帝为自己的宗族神灵,故一意仰仗上帝的护荫庇佑,① 甲骨卜辞中祈盼"受又(祐)""受有又(祐)""有保"等词句比比皆是,人处于相对依赖的、被动的位置。但周人不同,他们不再单纯希冀上天赐福,而更多地反求诸己,强调人的品德修养,以明德立信、"敬德保民"去顺天行事,自求多福,相对淡化了神权色彩,人处于较积极、主动的地位。因为从武王伐纣、"小邦周"征服"大国殷"的过程中,他们认定:天命靡常,唯德是辅;黍稷非馨,明德惟馨;只有有德之人,才会获得上天的眷顾、垂祐,而殷商就是因为"惟不敬厥德,乃早坠厥命"(《尚书·召诰》)的。所谓"汤武革命,顺天应人",这种天命观,是"文武受命"灭商兴周合理合法性的主要精神依据,因此被

---

① "商人的帝,既有图腾生祖的性格,其与商人的关系是特定的,专有的,而不能是普遍超然的。商人的神对商人有必须眷顾的理由,不必有道德的标准为给予祐护的要求。简单地说,商人的神是族群专有的守护者,而不是对所有族群一视同仁的超氏族神。"许倬云著《西周史》(北京:三联书店,一九九四年)第三章第四节引李宗侗、徐旭生说,页一〇〇。

作为周人的官方思想不断宣扬,并由此对泱泱中华数千年之历史文化造成了深刻影响。

比如《诗·大雅·荡》便强调天命不可恃,并历数商人种种恶德劣政,指出由于其多行不义,弄至天怒人怨,终至自取灭亡。末段振聋发聩,掷地有声,至今仍不减其智慧光彩:

> 文王曰咨,咨女殷商!人亦有言:颠沛之揭,枝叶未有害,本实先拨。殷鉴不远,在夏后之世!(译文:文王说:"嘿嘿你们殷商!古人有句话:'树木倒下连根拔,并非枝叶有毛病,而是根本先朽坏。'你们殷人的前车之鉴并不远,就在夏桀那时代!")①

大树倾倒,非缘枝叶之故,而是由于根本朽坏。这个"根本",便是诗中反复强调的"德"。而殷商之失国,正在于其由上而下,由君主至整个统治集团的缺德、失德、败德!(在《尚书》《诗经》《左传》等典籍中尚有不少类似的言论可供参证。)而

---

① 详见周锡䪖译注《诗经选》(香港:三联书店,一九九○年第四版),页二九○—二九四。

"德"之中，是否具有诚信（因而值得信赖，获得拥戴）是一项十分重要的标准——对社会上层人士而言尤其如此。这些，对后来形成的儒家学派影响至巨，故"吾从周"的孔子才会提出"民无信不立"（《论语·颜渊》）的著名教诫。《大学》亦云："大学之道，在明明德，在亲民，在止于至善。""与国人交止于信。……道得众则得国，失众则失国。是故君子先慎乎德。有德此有人，有人此有土，有土此有财，有财此有用。德者，本也。"

凡此种种，都可见周人对"德"、对诚信是何等重视。《周易》既是西周朝廷的筮书，所以必然充分渗透这套官方的指导思想。明乎此，便可知道，对《周易》中频繁出现的"孚"字，必须回归传统智慧，解读为强调修德立诚的"信"，才切近周人的思想特点，才合符《周易》本经的原意。否则，便和殷商卜辞一味仰赖上帝保佑的模式差别不大了。

（二）"孚"字何以可解释为"信（诚信）"

但"孚"字怎会解释为"信（诚信）"？原来

"孚"可读为"符"(两字声同、韵近可通),①意谓符合、相应。而符合相应,在《易经》里,又多指精神、心志上之契合感通,故引申为"信(诚信)"。对上天、神灵而言,是一心一意地虔诚信奉;就人际关系来说,便是同心同德,忠诚守信(自然也意味着互相信任)。

总括而言,全《易经》"孚"字共出现四十二次(连卦名《中孚》),除三次(在《大壮·初九》《夬》《姤·初六》)外,皆释为符、信(作名词,指诚信;作动词,指信赖)或其引申义(如声誉、威望等)。至于另三例的"孚"字则有不同含义,它们不作"信"解,而以音同音近关系,分别读为"复"(返回)、"俘"(俘虏)与"浮"(躁动不安)。

(三)明德立信,垂范天下

"诚信"是中华民族传统美德之一(忠、孝和信相依相倚,"忠""孝"是对特定范畴、对象更专一、强烈、坚执的"信"),泱泱华夏数千年于今不坠,部分也有赖于这一精神支柱。正如温家宝所言:"一个国

---

① 见《尔雅·释诂上》"孚,信也"郝懿行《义疏》。又《史记·律书》"符甲"司马贞《索隐》:"符甲犹孚甲也。"朱骏声《说文通训定声·需部》云:"符假借为孚。"

家,如果没有国民素质的提高和道德的力量,绝不可能成为一个真正强大的国家,一个受人尊敬的国家",因此必须"在全社会大力加强道德文化建设,形成讲诚信、讲责任、讲良心的强大舆论氛围,……铲除滋生唯利是图、坑蒙拐骗、贪赃枉法等丑恶和腐败行为的土壤"(二〇一一年四月十四日的谈话)。我们也看到,在二〇一二年香港"特首"选举相当激烈的竞逐过程中,社会各界对有关候选人的品格、诚信都十分关注,并有甚高的要求,由此也可见人心趋向之一斑。

在今天这个金权至上、邪恶公行、人欲横流、道德滑坡的地球上,炎黄子孙真该认真想一想,对中华民族传统美德这份宝贵的非物质文化遗产,究竟应如何好好珍惜、继承并大加发扬。只有在经济飞跃发展、国力迅速提升的同时,用舍我其谁的担当精神,为世界作表率,树立指向未来、令人敬佩的道德文明榜样,那时候,才能真正奏响"大国崛起"的宏伟乐章。

六、《易经》的作者与著作年代

《周易》是周朝的筮书,但西、东周合共长达八百年（约前一一二二或前一〇四六—前七七一；前七七〇—前二五六），到底《周易》写成于什么时候？又是何人所著？要全面、正确地理解《易经》，这也是个必须先弄清楚的重要问题。

关于《易经》的作者与著作年代，传统说法是：八卦、六十四卦卦形符号是由传说时代的伏羲（即包牺）氏所作，而卦爻辞则成于周文王之手（也有人说文王作卦辞，周公作爻辞）。关于这问题，近世以来歧见纷出，争论甚烈。大致上分为三大派：一派认为《易经》成书于商末周初（这派接近传统观点，在人数上至今仍占绝对优势）；一派认为成于西周后期；还有一派则主张成于春秋战国。学者对此各持一说，互不相让。

但其实，我们只要不盲目地信古或疑古，又尽可能详细占有资料，把各方理据充分梳理，做客观深入的比较研究，要得出正确的、合乎历史真相的结论，也并非太难的事。

（一）《周易》的成书与流播

我意认为，周初原有一本《周易》，乃参照夏之《连山》、商之《归藏》等同类典籍编纂而成，故卦名、用语、述事或有部分相似之处。① 到了西周后期，由于时代以及语言的发展，原本《周易》显得佶屈聱牙、艰涩难读（就如《尚书》中周武王、成王时代的篇章那样），不便于实占的应用，于是有关人士（大约是主管卜筮之官）便在古本《周易》的基础上增损改写，注入新的资料、观念和哲理，用当时新兴且十分流行的艺术体式——韵文，撰成今传本《周易》(《易经》)，其卦爻辞称为"繇辞"，也就是歌谣体筮辞之意。由此可见，《周易》从草创到写定，原是一本藏于周室、主要用来占筮的官方重要著述。

到西周灭亡，王室播迁，政教礼乐流散于诸侯国，于是才见有《左传·庄公二十二年（前六七二）》所载"周史有以《周易》见陈侯者"那样的情景出现。随后，此书的影响不断扩大，从上层阶级推向中下层，结合民间原有的一些占筮活动，社会上便逐渐出现一体多元或称同源异流的多种筮书与筮术（如上述包山楚简卜筮简、马王堆汉帛书《周易》、阜阳汉简《周易》以及汲冢竹书《易繇阴阳卦》之

---

① 见宋人李过《西溪易说·原序》。文渊阁《四库全书》本，页六—七。

类），而正宗定本《易经》的原貌则幸赖战国楚竹书《周易》基本得以保存。同类的传本当时曾引起孔子极大的兴趣，成为他晚年学习、钻研的重要对象，于是产生了夫子"五十以学《易》"及"韦编三绝"种种美谈，并由此开创出不重占筮，而"以德义为先"、研求哲理为主的儒家一派易学。成于春秋末至战国的《易传》便是这派学说的菁华所萃。

(二)《周易》的作者

除少数文字出入外，楚竹书本《周易》和今传本并无二致，可证今本《易经》乃得古定本的真传。它的形制或带有夏、商时代同类著作的影迹，但主要内容（包括卦名义、卦序安排与卦爻辞等）则肯定始创于西周初（公元前十一世纪中），而著成于西周后期（以厉王末年的"共和"时期可能性最大，即公元前九世纪中叶左右）。其始创者为谁暂时无法考究，但最后编定者应是周王朝主管卜筮的官员。不过，有一点可以肯定：无论原创或最后编定之人，都必然是"国师"级的大智慧者。

如要作大胆的推断，我认为，按身份地位、学养、才情、器识、胸襟品格及所处时代作综合考虑，能符合此条件，担当起著成（或主持编定）《周易》

之大任者，非"共和"时期（前八四一—前八二八）最高执政官之一的召穆公（姬）虎莫属。他是三朝元老，曾切谏"厉王弭谤"于前（"防民之口，甚于防川"便是其名言），复佐"宣王中兴"于后；在国人暴动，"厉王奔彘（今山西霍州）"期间，他甘以亲子为代，保存了太子静（后即位为周宣王）的性命，才开创出周朝一度"中兴"的局面。他品格超群，才华卓越，关切民瘼，目光远大，是一位杰出的政治家、思想家、军事家（曾率军平定淮夷，见《诗经·大雅·江汉》）、哲学家，同时又是有作品传世的诗人（《大雅·民劳》便是召公虎的名篇，"民亦劳止，汔可小康"便是其开篇的名句）。他言行、著作的思想倾向，与《周易》的内涵息息相通，而在"共和"时代，身为国家最高领导人之一，他有很大的创作自由度。因此，我认为，只有召穆公虎，才是最具资格、条件，成为最后著成（或主持编定）以韵文写就、具备百科全书体制且充满崇高治国理念之《周易》的人。

（三）关于《周易》成书年代的证据

我推定《周易》著成于西周后期"共和"时代是有充分根据的：

第一，从内容看。《易经》提及的都是东周以前的事，而没有东周或东周以后的事；其中较多的是周初、早周甚至殷商的人、物、故事。例如高宗伐鬼方（《既济·九三》）、季历伐鬼方（《未济·九四》）、帝乙归妹（《泰·六五》《归妹·六五》）、箕子之明夷（《明夷·六五》）、为依（殷）迁国（《益·六四》）、康侯用锡马蕃庶（《晋》），以及可能是王亥丧牛羊于易（《大壮·六五》《旅·上九》）；另外，还有"利西南"（《蹇》《解》《坤》）之语、"大国"殷之称（《未济·九四》）等等。但是，《易经》里也同样载有并非周初，而是西周中、后期的重要史实及其他资料。较明显的例如：

1.《升》卦的"南征"，以及《明夷》卦的"明夷，〔夷〕于南狩，得其大首"（《明夷·九三》）、"〔明夷，夷〕于左腹，获明夷之心，于出门庭"（《明夷·六四》）等卦爻辞实暗藏着有关昭、穆王"南征"的史事。

据古史与金文记载，西周昭王、穆王、夷王、厉王、宣王时都曾大举"南征"（"南狩"也是南征）。而昭王更"南征而不复"，丧身于汉水之滨，由于死因扑朔迷离，长期成为疑案，以致春秋五霸之首齐桓公可以振振有词地用来作为征伐楚国的借曰:"昭王南征而不复,寡人是问!"但当地人是知道真相的,所以楚使也能理直气壮、不卑不亢地回答:"昭王之不复,君其问诸水滨。"(见《左传·僖公四年》)那么,事件的真相到底如何?综合现存各项资料,经去伪存真的分析,我们可以给出合理的答案:

原来当年昭王率大军南征荆楚,在北返渡过汉水时,突逢灾变(似为强烈地震或特大飓风),天昏地暗,野兔奔窜,雉鸡惊飞狂鸣,浮桥坍塌,六师尽丧,昭王亦不幸掉落江中,为鳄鱼所噬,一命呜呼。为保面子,朝廷没有把真实情况赴告天下,以致出现"遇大兕""逢白雉"乃至类似传奇小说情节的因"胶舟"水解而溺毙等种种不同传闻。(《史记·周本纪》载:"昭王南巡狩不返,卒于江上。其卒不赴告,讳之也。"《古本竹书纪年》:"周昭王十六年,伐楚荆,涉汉,遇大兕。""周昭王十九年,天大曀,雉兔皆震,丧六师于汉。""周昭王末年,夜有五色光贯紫微,其年,王南巡不返。"按,此似为"地光"之类的大地震或其他重大灾变前兆。又《吕氏春秋·音初》:"周昭王亲将征荆,辛余靡长且多力,为王右。还反涉汉,梁败,王及祭公抎于汉中,辛余靡振王北济,又反振祭公。"抎,通"陨",

坠落。屈原《天问》:"昭后成游,南土爰底,厥利维何?逢彼白雉。"昭后,即周昭王。闻一多认为雉乃"咒"之误,见《楚辞校补》。)

因此后来穆王南伐,途经江汉时,便通过大规模的狩猎行动为"父王"泄愤报复——捕杀一批鳄鱼,令其陈尸江面(《古本竹书纪年》:"周穆王七年,大起师,东至于九江,架鼋鼍以为梁。"鼍,即扬子鳄。其实是杀鳄浮尸,被讹传为"驾鼋鼍以为梁"。梁,桥);又弋射鸣雉,挖心以祭(古人迷信"鸟占",认定当日的雉鸡飞鸣带来不祥之兆,遂迁怒于鸣雉)。这便是《明夷》卦所曲折反映的一段西周中期的重大史实。(按,"明夷",即鸣雉,高亨先生已有此见;"大首",指活跃于江汉流域的扬子鳄,头特大而身小,故称。其用代称而不用本名,那显然是为昭、穆王讳,为周室讳,故特意含混其词,隐约其事。)而《升》卦则记述了周王一次登祭岐山,为南征虔诚祈求福祐之事,整个过程夜以继日,隆重之至,若非准备亲征,断然不会如此。

2.《比》卦:"不宁方来,后夫凶。"(译:不驯服的方国来朝,迟到的凶险。)所指实为周夷王"三年,王致诸侯,烹齐哀公于鼎"(《古本竹书纪年》)那惊心动魄的血腥一幕。这里再度隐约其词,无非也是所谓"为尊者讳，为亲者讳"而已（齐为太公望之后，与周王室历代通婚）。

3.《乾·用九》"见群龙，无首，吉"的爻辞也很值得留意，它极可能与西周后期"共和"时代的政治形势有关。当日因厉王无道，被国人起义推翻，流亡彘地，朝中无主，遂由众诸侯推举周公、召公与共伯（名和）执掌朝政，而以年高德劭的共伯为首，史称"共和行政"。直到厉王去世，周、召二公拥立太子静即位为宣王（前八二七），共伯和归国，才结束了那一历史阶段。《乾·用九》称"龙无首"为"吉"兆，正反映了"共和"时期的特殊政治色彩。

4.《比》《否》《临》《观》《井》《革》诸卦表达了统治者治国安民的理念和施政大计，主要是：行仁政，反苛政；用贤良，除奸佞；去旧图新，及时变革；集思广益，视民进退，即深入了解国情、民意，据之制订相应政策。……这些，便是"共和"时期之秉国者在汲取时局与历史经验的重大教训之后，痛定思痛，试图与民更始，刷新弊政，以延续并巩固西周王朝统治的新思维、新路向、新方略（至于能实行多少是另一回事）。

以上是《易经》成书于西周后期"共和"时代

的有关内容方面的有力证据。

第二，从语言形式看，《易经》既含有西周早期的特点，也颇多西周中、晚期的语言特点。① 后者如：

1. 连词"而"的出现。甲骨文无此虚词，西周早期金文亦未见，要到西周后期才面世，但尚较罕用，至春秋时始流行。《易经》共有五例："不克讼，归而逋"（《讼·九二》）；"同人先号咷而后笑"（《同人·九五》）；"盥而不荐"（《观》）；"舍车而徒"（《贲·初九》）；"不鼓缶而歌"（《离·九三》）。

2. 词尾"如""若""然"的使用。《易经》共有二十一例，如"乘马班如"（《屯·六二》）；"出涕沱若"（《离·六五》）；"履错然"（《离·初九》）等等。

3. 以"享"代"祭"。由商代到西周初，祭祀一般称"祭"不称"享"，到西周中叶后才多用"享"字。《易经》有"利用享祀"（《困·九二》）等六例，而"祭"仅一见。

4. 以"其"代"厥"。由商代到西周初，第三人称（含远指）代词均用"厥"，不用"其"，至

---

① 详见拙文《〈易经〉的语言形式与著作年代》，原载《中国社会科学》（中国社会科学院编），二〇〇三年第四期，收入拙著《易经详解与应用》（香港：三联书店，二〇〇七年修订版），这里仅略述其要。

西周中晚期才渐用"其"字。而《易经》之第三人称代词几全用"其"（共一百例），用"厥"仅得一例。

5. 叠词、叠音词与双声叠韵词数量甚多。叠词、叠音词共二十二例，如"谦谦""翩翩"等等。双声叠韵词共二十九例，如"屯邅"（双声）、"盘桓"（叠韵）、"赍咨"（双声兼叠韵）等等。

6. 齐言（以二、三、四言为多）、排比、对偶句的大量出现与频密应用。如《蒙》卦之"发蒙""包蒙""困蒙""童蒙""击蒙"；《剥·上九》之"君子得舆，小人剥庐"，等等。

以上这些都是不早于西周中、后期的语言现象。

第三，也是最能突显《易经》语体之时代特征的，就是普遍用韵的艺术形式。中国的诗文本非一向有韵，"押韵"这种同中见异、具回环复叠之美的艺术形式实萌芽于商、周之际（公元前十一世纪），而成熟于西周中、晚期（公元前十至前八世纪），它与同采声、韵复叠形式的叠音词以及双声叠韵词的产生、发展基本上是同步的；而这些发展和西周礼乐文化的发展又有异常密切的关系。散文用韵是受诗歌影响，所以出现自较诗歌为迟。据现有资料，商、周甲骨文，西周初期金文以及《尚书》等文献中属于周武王、成王时代的作品，都还没有韵语。西周中期略有一些，但形式不太工整。直到西周晚期金文如厉王《猷簋》、宣王时《虢季子白盘》和《尚书》后期作品（如《洪范》等）才多见较纯熟的韵语。总之，散文的韵律化、诗化，在西周中期始初见端倪；至西周末有相当发展，但尚欠成熟；而到了春秋战国方盛极一时。

《易经》正是西周后期对散文作全盘"韵化"的一个尝试。全书卦爻辞普遍协韵，有些更如诗句，但由于筮辞格式、术语的限制，加以散文用韵的创作经验尚浅，故形成韵语、散句、谣谚参错并用的一种"杂拌"体式，句子每每长短不一，押韵的技巧显得较为粗糙（多异调相协，韵位也不太规则），远不如后来的《老子》《易传》或《诗经·国风》般流畅整饬，铿锵可诵，整体来说，尚处叙事、说理散文韵律化的初级阶段。若依"韵文成熟度"衡量，应与西周后期厉王《猷簋》铭文的发展水平大致相当。

综合《易经》全书内容、语言艺术形式特点以及作者所需的条件及其情况一并考察，结论是：今传本《易经》应草创于西周初（公元前十一世纪中），而著成于西周后期的"共和"时代，即公元前八四一至前八二八年。最有可能的作者（或主持编定者）是当时最高行政长官之一、作为周初与周公旦一同辅政的召康公奭后裔的召穆公虎。①

七、卦爻辞的断句与释读

解决了《易经》的作年之后，要真正读懂《易经》，还须解决卦爻辞应如何断句、标点，以及怎样理解、释读的问题。今天常见《周易》本子的断句多由古本（主要是《十三经注疏》《周易集解》和朱熹《周易本义》等等）沿袭而来，大同小异，其合理之处固所在多有，但存在问题也并不少，常见者是该断不断，而不该断却误点误断的情况，由此而引发误解、误译的连锁反应，对广大读者便形成误导，影响匪浅。

有鉴于此，本人尝试运用音韵、语法、义理、象数、考证、占筮多元结合的方式，并利用近年出土的简帛材料，对《周易》卦爻辞重新进行标点、

---

① 关于《易经》的著者与作年，笔者有更新更详尽的论述，请参阅周锡䪖《易经详解与应用（增订本）》（香港：三联书店，二〇一五年）之有关章节。

释义工作,以纠正前人断句、解读之讹误,希望借此为《易经》的深入探索与现代应用提供较良好前提。在《周易》研究史上,这样做也许还是首次。

以下是在卦爻辞断句与释读问题上须重点留意的几个方面:

(一)必须依韵断句、标点①

由于《易经》是韵文,所以给卦爻辞断句,首先必须注意韵位、依韵点断(就像对其他诗歌、韵文一样),而不能囿于传统习惯(大量古人传本都是如此断句),用"散文句法"(即一般人熟悉的常规句法)观念作句读之指南,按个人对文义的理解去随意点断。坊间众多《周易》读物(包括古本与今本)就是由于忽略了这一重要问题而造成不少差误。例如《蒙》卦六三爻辞:

勿用取女。见金,夫、不有躬。无攸利。
(译:不要娶女子。见到财礼,丈夫会丧命。

---

① 详细请参看拙文《论〈易经〉标点的原则与方法》,原载《周易研究》,二〇〇九年第六期,这里只是略述其要。

无所利。)(注：取，通"娶"。金，钱财，指代女方陪嫁的财礼。躬，身体。)

按，女和夫（均古韵鱼部）协韵，金和躬（均古韵侵部）协韵，所以这样标点。但诸本几乎都断作"见金夫，不有躬"（如《周易正义》《周易集解》《周易本义》《周易尚氏学》《周易通义》《周易译注》《白话易经》等等），而把"金夫"释为"武夫"，或"有钱的男子"，那显然欠妥。因为，从形式看，那样"躬"字便失韵；从内容看，原文"勿用取女"是先下判断（作出结论），"见金，夫、不有躬"是说明理由，前后意义连贯（意谓，因该女"克夫"，故不可娶）；现在却变成"勿用取女"是就男方说，而"见金夫，不有躬"是就女方说，前后不一，表意混淆。可知那样断句是错误的。唯独高亨先生《周易大传今注》点为："勿用取女，见金，夫不有躬，无攸利。"比较可取，但未把"夫"字点断，显出韵位，仍是缺失。

（二）必须弄清句法特点，辨明句子的结构关系

与上一点相关，由于《易经》是韵文，所以常用诗歌句法，但诗歌句法与一般散文句法是有不同

的（比如，诗句的词序、语序可因应押韵或表达效果的特殊需要而随意颠倒），①因此要正确理解文意，还须留意句法问题。例如：

1. 主谓倒装——

《乾》卦爻辞之"潜龙""见龙（在田）""飞龙（在天）""亢龙""见群龙"等，其实都是主谓倒装句（为协韵而倒：龙、用协韵，又与其他各爻龙字协韵），应译作：龙潜伏着；龙出现（在田野）；龙飞（到天上）；龙高飞远举；群龙一起出现；等等。但人们未明此理，所以各译本多把"潜龙"译为"潜伏的龙"；把"亢龙"译为"亢进的龙"或"处在极高处的龙"；把"见群龙"译为"看见许多龙"或"发现群龙"，等等。

2. 宾语直接前置——

在汉语中，"动词+宾语"是常见的句法形式，但在古代汉语中，宾语前置的情况也相当普遍，不过，那一般是有条件的，比如否定句中的代词宾语或疑问句中的疑问代词宾语便多前置，例如："我无尔诈，尔无我虞。"（《左传·宣公十五年》）"吾谁

---

① 详见拙著《中文写作新视野——从实用写作到文学创作》（香港：三联书店，二〇〇七年），第三章"'诗歌句法'与文学创作"，页四五—六五。

欺？欺天乎？"(《论语·子罕》)等等。如果是普通宾语前置，会加上助词维（唯）以及由指代词虚化而来的"之""是"等词作形式标志，例如："岂无他人，维子之好。"(《诗经·唐风·羔裘》)"将虢是灭，何爱于虞！"(《左传·僖公五年》)等等。而《易经》的宾语同样有上述情况，例如：

《坤》："元亨，利牝马之贞。"
译："利于占问雌马的事。""牝马"为宾语，用"之"作前置标志。

但《易经》的普通宾语还有另一种情形，就是无条件直接前置者颇多。例如：

（1）《小畜·上九》："妇贞，厉。"
译："占问妇女的事，危险。""妇"为宾语，直接置于动词谓语"贞"之前。这句不能译作"妇人占问"。而《恒·六五》："贞妇人，吉。"便没有前置。

（2）《观·六二》："利女贞。"(《家人》卦辞同。)
译："利于占问女子的事。""女"为动词

词组"女贞"中的前置宾语。这句不能译作"利于女子占问"。

（3）《明夷·九三》："不可疾贞。"

译："不可占问疾病。"即占问疾病则不吉。"疾"为前置宾语。而《豫·六五》："贞疾，恒不死。"便没有前置。

《易经》中类似的例子甚多，如"幽人贞""利艰贞""安贞""居贞""永贞""旅贞"等等，都应作"宾语直接前置"的句子释读。

3.定语后置——

定语，是放在名词前面的修饰成分，所以"定语+中心词"是古今汉语的共同格式。但《易经》有的句子，定语却跑到中心词的后面。如：

（1）《损·上九》："弗损益之，无咎。贞，吉；利有攸往。得臣、无家。"

"得臣、无家"，即"得无家之臣"。定语后置。"臣"，奴仆的通称。"家"，指家室。臣字入韵，故点断。

以下两例究应如何解读，难倒了不少《易》学专家。但其实也是定语后置句，并无太大的特殊之处。

（2）《旅·六二》："旅即次，怀其资，得童仆贞。"

"得童仆贞"，即"获得忠心的奴仆"。"童"，奴（《说文》）。"贞"，正（见《易·师·彖》），此指忠诚;作定语，修饰"童仆"。

（3）《旅·九三》："旅焚其次，丧其童仆〔贞〕。贞，厉。"

前一贞字据楚简《易》补，释"正"。"丧其童仆贞"，即"失去他忠心的奴仆"，也是定语后置。后一贞字仍作"占问"解。

《诗经》也有这种句法，如：

天命玄鸟，降而生商，宅殷土芒芒。（《商颂·玄鸟》）

"芒芒"，广大貌。为与"商"协韵而后置。《左传·襄公四年》："芒芒禹迹，画为九州。"便没有倒置。

4.另外，有时某些句子的结构形同而实异，也必须分辨清楚，否则容易弄错文意，导致误解、误译。例如：《大畜》之六四、六五、上九爻，分别是"童牛之牿""豶豕之牙"与"何天之衢"，句法形式表面一致（形成排偶关系），但实际结构却各不相同：前者是宾语前置句，意为"牿童牛"，即"给童牛加牿"；"之"由指代词虚化而来，作宾语（童牛）前置的形式标志。中间的是主谓句，犹言"豶豕牙兮"，谓小猪长出了牙齿；"之"是语助词，起加强语气作用。后者是正常的动宾句，意为"蒙受上天之洪福"；"之"是结构助词，作定语（天）的标志。

在研读《易经》过程中，如果能注意做到以上各点，对我们正确地给原文断句、标点，把握文本的真义，更好地参透易道、易理，相信必大有帮助。

八、《易经》的用韵

《易经》韵位甚密，韵式多样。笔者撰成之《易经韵读》，与以往诸家均有不同，唯限于篇幅，未能纳入本书，尚祈读者见谅。但是，凡涉及断句问题者，必以按语形式在注中扼要指出，以明依据。

为方便讨论，本书之上古音分部，以王力先生《诗经韵读》所拟，并为徐中舒先生主编《汉语大字典》及唐作藩先生《上古音手册》基本采用之古韵十一类三十部为据。表列如下。

	阴声	入声	阳声
（一）	1 之部 ə	2 职部 ək	3 蒸部 əng
（二）	4 幽部 u	5 觉部 uk	6 冬部 ung
（三）	7 宵部 ô	8 药部 ôk	
（四）	9 侯部 o	10 屋部 ok	11 东部 ong
（五）	12 鱼部 a	13 铎部 ak	14 阳部 ang
（六）	15 支部 e	16 锡部 ek	17 耕部 eng
（七）	18 脂部 ei	19 质部 et	20 真部 en
（八）	21 微部 əi	22 物部 ət	23 文部 ən
（九）	24 歌部 ai	25 月部 at	26 元部 an
（十）		27 缉部 əp	28 侵部 əm
（十一）		29 盍部 ap	30 谈部 am

需要说明的是，有关拟音只是一家之言，诚如王力先生所说，古音拟测不可能完全反映上古的实际语音，但如果是合理的拟测，它能反映上古的语音系统。① 倘能如此，也已经不错了。

---

① 王力《诗经韵读》（上海：上海古籍出版社，一九八〇年），页四〇。

《易经》协韵包括三种情形：一、同部相协。二、同类相协（阴、阳、入对转），可称通韵。三、异类相协（主要元音相同，如阳ang与元an；或韵尾相同，如东ong与阳ang；或元音相近，如之ə与幽u等），可称合韵。由于上古用韵偏向于宽松、随意，所以《易经》中"合韵"的情况相当常见，与后世成熟的韵文（如唐诗宋词等）有所不同。

九、卦爻知识

本书使用了诠释《易经》的一些传统术语，为方便读者，简要说明如下：

（一）关于卦

1.经卦与别卦：三画之卦称为经卦（又名单卦），共八个，即乾☰、坤☷、震☳、巽☴、坎☵、离☲、艮☶、兑☱。六画之卦称为别卦（又名重卦、复卦），由八经卦两两重叠而成，共六十四个，本书特加书名号以作识别，如《乾䷀》《坤䷁》《屯䷂》《蒙䷃》《需䷄》，等等。

2. 阳卦与阴卦：奇数为阳，故爻画为奇数之经卦称阳卦，即乾、震、坎、艮四卦；其主爻为阳爻，其性刚。偶数为阴，故爻画为偶数之经卦称阴卦，共坤、巽、离、兑四卦；其主爻为阴爻，其性柔。

3. 内、外卦与下、上卦：每别卦中，在下之经卦称内卦或下卦，在上之经卦称外卦或上卦。先秦时代，内卦称为贞，外卦称为悔。

4. 反卦（古称"错卦""旁通"）：一别卦变为阴阳爻与之完全相反的另一卦。如《乾☰》与《坤☷》，《颐☶》与《大过☱》，《坎☵》与《离☲》，《中孚☴》与《小过☳》，便是反卦关系。

5. 倒卦（古称"综卦""覆卦"）：一别卦卦体回转一百八十度，六爻完全颠倒而成另一卦，称"倒卦"。如《屯☲》之倒卦为《蒙☶》，《需☰》之倒卦为《讼☱》，《剥☶》之倒卦为《复☷》，等等（既反且倒者亦归入"倒卦"范畴，如《泰☷》与《否☰》之类）。倒卦形成"反对之象"。在《易经》全部六十四卦中，除前述《乾☰》与《坤☷》等四对是以反卦关系相连外，其余二十八对（五十六卦）皆以倒卦关系对对相连。此即孔颖达《周易正义》所说："二二相耦，非覆即变。"覆，指倒卦；变，指反卦。

6. 本卦与之卦：在占筮活动中，如果出现变爻，一卦便会变为另一卦。原来的卦体称"本卦"，因爻变而形成的另一卦称"之卦"（又称"变卦"）。之，是去、往之意，这里指卦爻的变化。如说"《小畜☰》之《巽☴》"，意思是《小畜》卦初爻变（由阳变阴），成《巽》卦。《小畜》是"本卦"，《巽》就是"之卦"。

7. 体：指卦体。如说"三居震体"或"三体震"，即指第三爻在震卦卦体（也就是震卦）中。

8. 互：指互卦，又称互体。即每别卦中，由内、外卦之爻交互组成的新卦体。如二、三、四爻可组成一卦，三、四、五爻又可成一卦。此为先秦古法，故本书亦沿用。如析《屯·初九》云："四体艮（三至五爻互艮）"，即指《屯》卦之三、四、五爻组成艮卦，而第四爻即在此卦体中。

9. 卦象：指八经卦与六十四别卦所代表的事物、性状，以及由卦与卦的关系而衍生的意象。别卦由经卦重叠构成，故六十四卦卦象亦由八卦卦象构成。八卦与六十四卦所代表的事物、性状，集中见于先秦《易传》（尤其是《说卦》传），故本书取象，即以《说卦》及其合理之引申为主，部分则根据其他《易传》或卦形而来，亦有采自《左传》《国语》者。其余汉人烦琐芜累之说，如伏象（覆象）、半象或强以爻变、卦变成象等等，一概"潜龙勿用"。

10. 十二消息卦：古人以《复䷗》《临䷒》《泰䷊》《大壮䷡》《夬䷪》《乾䷀》与《姤䷫》《遯䷠》《否䷋》《观䷓》《剥䷖》《坤䷁》十二卦代表一年十二个月，此十二卦刚柔二爻的变化，体现阴阳二气消长的过程；息为生长，消为耗散，故称消息卦。前六卦为阳息阴消，表示阳气从下往上逐渐增长，称息卦；后六卦为阴息阳消，表示阴气从下往上逐渐增长，称消卦。

（二）关于爻

1. 爻名、爻位、爻性：每卦初九、初六、九二、六二……上九、上六等等称为爻名，或爻题。其中初、二、三、四、五、上标明六爻自下而上之位次，称爻位。九、六标示爻性：九为老阳之数，代表阳爻，其性刚；六为老阴之数，代表阴爻，其性柔。

2. 阳位、阴位：初、三、五爻之位为阳位；二、

四、上爻之位为阴位。

得位、失位：凡阳爻居阳位，或阴爻居阴位，称得位，又称当位、位当、位正、位正当、得正、得正位。凡阳爻居阴位，或阴爻居阳位，称失位，又称不当位、位不当、位不正、非其位、不正、失正、失其正。得位者有利，表示人之才能品德与其职务、地位、行事相称；失位则反是。

3.天位、地位、人位：《易传》认为，六爻分为"天、地、人""三才"，初、二爻象征地，三、四爻象征人，五、上爻象征天。二爻属阴位，故为"地位"；三爻属阳位，故为"人位"，五爻属阳位，故为"天位"。天位又是君位、尊位；地位又是臣位。

4.上位、中位、下位：初爻为下卦下位，二爻为下卦中位，三爻为下卦上位；四爻为上卦下位，五爻为上卦中位，上爻为上卦上位。故初、四爻，二、五爻，三、上爻，称同位。

5.得中与不中：在中位者称中、得中、居中或处中。若阳爻居中位，称刚得中；阴爻居中位，称柔得中。不居中位者，称不中。得中有利，表示能行正中之道；不中反是。这里反映出古人"尚中"、贵中和的思想。

6. 中正与不中不正：阴爻居下卦中位（六二），或阳爻居上卦中位（九五），为得位得中，又称居中得正，简称中正。阴爻居阳位又不在中位（如六三），或阳爻居阴位又不在中位（如九四），称不中不正，或不中正。中正者有利；不中正者一般不利。

7. 承、乘、比、应、据。

承：一爻在他爻之下（多指阴爻居阳爻下），则此爻对在上之爻称"承"。

乘、据：一爻在他爻之上，则此爻对在下之爻称"乘"，或称"据"。（阴爻居阳爻上多称乘，阳爻居阴爻上多称据。）

比：相邻之爻有亲密的伙伴、辅助关系，称"比"。成"比"者多为阴、阳爻，如《履·九二》，上比于六三；《大有·上九》，下比于六五；等等。

应：指爻与爻间互相呼应（感应）的密切关系。相"应"者例属同位之爻（称应爻，如初、四爻，二、五爻，或三、上爻），一般为一阴一阳，亦偶有例外（见《中孚·九二》）。两爻若互应，称为相应、得应、有应或正应（当位而应）；反之，则称为不应、失应、无应或敌应。得应有利，失应多不利。如《小畜·九三》，失应于上六，即三、上敌应，故产生负面结果。又若敌应而强行相应，亦产生负面效果，如《井·九二》《姤·九五》。

以柔从刚：指阴爻在阳爻下；又称承阳。为吉利之象，例如《蒙·初六》。

以柔乘刚：指阴爻居阳爻上。所为不顺，为不利之象，例如《蒙·六三》。

8. 爻象：由爻性（阴阳、刚柔）与爻数（爻的位次）所制约而体现的事物之一定的性状、意象，以及由爻与爻、爻与卦间的关系所衍生的意象。由于爻性本身亦由成卦时蓍草的数目决定（七、九为阳爻，八、六为阴爻），所以象、数实密不可分。

9. 变爻（又称"动爻"）与不变爻（又称"静爻"）：以蓍草布卦或掷钱成卦时，若所得数为七，称少阳，所得数为九，称老阳；所得数为八，称少阴，所得数为六，称老阴。老阳、老阴都是可变爻（即动爻），少阳、少阴都是不变爻（即静爻）。

（三）关于象数分析

根据卦象、卦位与爻象、爻数（位）而作出的推断、分析，称为象数分析。

十、关于引用书目

文中引书多种,本导读结集出版时,为免烦冗,略去引用书目。

《礼记》导读

为什么我们今天还要读《礼记》

刘志辉　香港公开大学人文社会科学院兼任导师

一、《礼记》的作者、成书及研究

《礼记》，又称《小戴礼记》。

在先秦时期，《礼记》并未成书，它只是单篇流传，或被收录在一些儒家弟子的"记"文之中，所以《礼记》的篇章并非成于一人之手。至于《礼记》的编撰人是谁，历来说法纷纭，据《隋志》《唐志》所载，西汉宣帝时，礼学家戴圣将春秋末年至战国晚期一些解释和补充《仪礼》的文献编纂成书。不过，按孔颖达《礼记正义·序》引东汉郑玄《六艺论》云："戴德传记八十五篇，则《大戴礼》是也；戴圣传礼四十九篇，则此《礼记》是也。"这里只说了戴圣传授《礼记》，却未说戴圣是编者。关于今本《礼记》的编者谁属，从来就各有说法。不过据近现代之学者考证，戴圣为今本《礼记》的编者的可能性颇大。

汉宣帝时，戴德（叔）、戴圣（侄）与庆普的礼学，号称为《仪礼》三家之学，至汉平帝时，三家同被立为官学。故大、小二戴《礼记》都是今文学派的作品。

与此相比，若说大、小二戴的《礼记》是属于今文学派的，那么汉代刘向（前七七—前六）的《礼记》辑本则是古文学派的代表。据《汉书·艺文志》记述:"《记》(即《礼记》)百三十一篇。……《明堂阴阳》三十三篇。……《王史氏》二十一篇。……《乐记》二十三篇。……《孔子三朝》七篇",上述各篇可能都是刘向《礼记》的辑本来源。据研究显示,就成书时间而言,大戴《礼记》可能成书于宣帝中期,小戴《礼记》约成书于元帝永光四年至五年之间。至于成帝末年,始有刘向《礼记》问世。①

众所周知,今、古文经在两汉经学上一直纠结不清,关系复杂,而上述的三种《礼记》辑本,虽然在材料选编和篇目订定上都各有取舍,互不相袭,但是三者都可以说是今、古文经"互动"的"混合体"。以对古文《礼记》的吸收为例,三部《礼记》中,刘向最为积极,他辑录了二百零四篇古文经,戴德次之,戴圣最少,仅从古《礼记》二百余篇中选取了四十余篇,然而,比较大小戴与刘向三家整合《礼记》的做法,可以看出其中的分歧并不是今古文经学的分歧。②到了东汉,大、小二戴的《礼记》垄断了官学的位置,但据《后汉书·儒林列传》

---

① 王葆玹:《礼类经记的各种传本及其学派》,姜广辉主编:《中国经学思想史》(北京:中国社会科学出版社,二〇〇三年),页二二三。

② 王葆玹:《今古文经学新论》(北京:中国社会科学出版社,一九九七年),页三一三—三一四。

所记，官方今文经的传人颇多，唯独今文系统的大、小二戴《礼》学的传人"未有显"，未记名氏，由此可见，大、小二戴《礼》学在东汉时已逐渐衰微。

不过官学毕竟是官学，小戴《礼记》（下称《礼记》）早已有人研究或作注疏，据《后汉书·桥玄传》记载，戴圣在世之时，弟子桥仁已著《礼记章句》四十九篇。其后，马融（《礼记注》）、卢植（《礼记解诂》）等都对《礼记》进行注解。当然，东汉末年郑玄的《礼记注》是至今仍然完整保存的《礼记》最早注本。除了曹魏至西晋时王肃的《礼记》三十卷被立为官学，郑玄之学曾一度被压抑之外，郑氏的《礼记》一直为学者所宗。至南北朝时期，义疏之学兴起，是时南朝皇侃（《礼记义疏》四十八卷），北朝熊安生（《礼记义疏》三十卷）均以为郑注《礼记》作义疏而闻名。皇、熊二氏之《礼记义疏》开唐人注疏之先河，唐太宗时期，国子祭酒孔颖达（五七四—六四八）奉诏考订《五经》，把《礼记》（《小戴礼记》）与《周易》《尚书》《毛诗》《春秋左氏传》并举，撰写成官方经学教科书——《五经正义》。自此，《礼记》正式跻身"经"的行列，而且广受天下读书人的欢迎。又因孔氏宗郑氏之学，又好南学，使郑玄之学得以彰显，不过其他注本皆不传。

汉唐以后，研究经学的风气渐变。赵宋一朝，研究《礼记》的不再恪守郑注、孔疏，而着重作义理的解读。宋代治《礼记》之学最力者为南宋人卫湜，他的《礼记集说》共一百六十卷，"采百四十四家《礼记》"之说①，保留了汉至南宋诸家学说。到了元代，又有吴澄的《礼记纂言》三十六卷和陈澔的《礼记集说》十卷，后者于明代永乐以后为科举取士之经则。至于明代，研究《礼记》者多附会之说，其中较有影响力的为黄道周的《礼记解》五篇，此书多指辨郑玄之说，驳难前人之学，颇有宋学遗风。

迄至清代，经学大盛。对《礼记》的研究大致可分为三类：一是对《礼记》部分篇章作深入研究，如黄宗羲的《深衣考》一卷；二是对杂见于礼经总义和经书考证的著述，如李光坡的《三礼述注》；三是对《礼记》全书进行整体研究，如王夫之的《礼记章句》四十九卷、孙希旦的《礼记集解》六十一卷、朱彬的《礼记训纂》四十九卷，而孙、朱二人之作可以说是清代《礼记》研究的代表作，前者较后者更为人所乐道。

到了近现代，比较有影响力的《礼记》研究有：梁启超的《要籍解题及其读法》、王文锦《经书浅

---

① 纪昀等编：《经礼·礼类》，《四库全书总目提要》，第二十一卷，页一六九。

谈》，二者不仅对《礼记》四十九篇作出了分类，而且又划分了内容。王梦鸥的《礼记今注今译》、杨天宇的《礼记译注》、钱玄的《礼记（注译）》、王文锦的《礼记译解》等，都对《礼记》一书作详细今注，并载有白话译文。而近年丁鼎的《礼记解读》虽然只在《礼记》中选了二十四篇进行解读，但其导言部分对《礼记》的学术价值、成书、各篇编者和写作年代、各篇的篇名、内容及分类，以及《礼记》学的发展和演变均有记述，实是研究《礼记》的一本入门书。当然，若欲一窥《礼记》之风貌，则胡平生、陈美兰译注的《礼记·孝经》可谓是不二之选。

从象牙塔内观之，从来《礼记》研究多专注于由"记"看"礼"：集中关注成书年代、篇目编次与考订，探讨"记"的文学、哲学蕴涵的主题，或专注于由"记"证"礼"，即利用"记"文印证考古发现的真伪。[①] 近年，《礼记》的研究进入了新里程。例如林素玟曾试图构建《礼记》"整全一贯"的美学思想[②]，

[①] 日本，自明治（一八六八—一九一二）至昭和（一九二六—一九八九）时期，对《礼记》的研究是以文献学的进路为主，或是以"思想史"方式作为研究的切入点。见工藤卓思《近一百年日本〈礼记〉研究概况——一九〇〇—二〇〇八年之回顾与展望》，《中国文哲研究通讯》，第十九卷，第四期，页五三——〇一。

[②] 林素玟：《〈礼记〉人文美学探究》（台北：文津出版社，二〇一一年）。

又尝试从"神圣空间"对身体的审美治疗价值切入,建构《礼记》的"审美治疗"理论。[①]此外,又有学者从神话学的角度,探讨《礼记》里中国神话式历史叙事与文化编码如何规约礼制文明的文化叙事[②]。

但作为中国的礼学"经典",《礼记》又岂只会是象牙塔的"恩物"。从来,"经典"总是离不开不断被"阅读"和"诠释"的过程。随着时代洪流的冲刷,"经典"既载负着传统文化的精华,同时又被赋予新的"时代意义"。

二、"礼"的意义

二十一世纪,是一个充满危机的时代。二十世纪的七十年代,新自由主义兴起,把人类推向一个"以一己为中心"的境地。随着全球经济衰退和国际金融危机陆续登场,人们开始对"新自由"又爱又恨。简单而言,我们同意个人的自由是可贵的,但

---

① 林素玟:《〈礼记〉神圣空间的审美治疗》,《华梵大学学报》,第十期(二〇〇八年),页一一三五。
② 唐启翠:《礼制文明与神话编码》(广州:南方日报出版社,二〇一〇年),页二二。

也同时意识到"极端的个人主义",会为人类带来一场"自由的噩梦"。今天,我们读《礼记》的时候,或许可以从古代的"礼仪"之中找到解救危机之道。

若然我们同意"极端的个人主义"是当代政治、经济和社会的危机之源,那么《礼记》一书正好是一帖对症的良药。所谓"礼源于俗",《礼记》所记的不是老掉牙的"礼仪",而是一种历久常新的"生活体验"。准确地说,《礼记》揭示的正是个人与他人、社会、国家,甚或是宇宙之间的"互动过程"。我们发现在《礼记》的世界里,"人"不是单独的"个体",而"自我"的成长更是与他人、社会、国家相辅相成。就此而论,个人履行"礼仪",并非循规蹈矩的"守礼",而是通过礼仪的实践来成就自己。此外,若我们在履行礼仪的时候,明白到"互动"的意义为何,那么我们早已经在不知不觉间,把"唯我独尊"的"自我"消融在礼仪之中。

譬如,时至今日,中国人还爱讲"礼尚往来",每逢时节喜庆,送礼的环节总不可缺。送/收礼是一种"经验",它经常"发生"在日常生活之中。若然我们未能"发现"这种"经验"背后的"意义",那么"送礼"还是一套繁文缛节而已。《礼记·曲礼上》记录了以下一段话:

> 太上贵德，其次务施报。礼尚往来，往而不来，非礼也；来而不往，亦非礼也。……夫礼者，自卑而尊人，虽负贩者，必有尊也，而况富贵乎？富贵而知好礼，则不骄不淫；贫贱而知好礼，则志不慑。

富者，骄奢淫逸；贫者，志怯心疑，这是人类的"共性"。当我们读了《礼记》，便会明白中国人讲究"礼尚往来"（经验）原来是表达"自卑而尊人"（意义）的生活态度。若我们能持守这种生活态度，便可以使富贵者"不骄不淫"，贫贱者"志不慑"。当我们明白"送礼之道"，就会晓得"礼尚往来"是一种源于经验又超越经验，包含主客又超越主客，涵盖天人又超越天人的"整体的生活"体验，个人"自我实现"的过程。

三、《礼记》是一部怎样的书？

虽然有研究指出，《礼记》不仅是儒家礼学的文献丛编，还是一部蕴含整全思想系统的经典。[①] 但不

---

① 陈章锡：《〈礼记〉思想系统的探究》，《兴大中文学报》，第二十五期（二〇〇九年六月），页三—三一。

得不承认四十九篇的《礼记》（当中《曲礼》《檀弓》《杂记》各分为上、下篇，故全书实为四十六篇）内容庞杂非常。为了方便研读，自西汉的刘向开始，已有不少人尝试为《礼记》的篇章进行分类。大体而言，《礼记》的内容可分为以下几方面：

论述形式	分项说明	篇目
通论	通论礼意	《礼运》《礼器》《经解》《哀公问》《仲尼燕居》
	阐述儒家思想	《孔子闲居》《乐记》《学记》《大学》《中庸》《坊记》《表记》《缁衣》《儒行》
专论	解释《仪礼》意义	《冠义》《昏义》《乡饮酒义》《射义》《燕义》《聘义》
	记有关丧礼制义	《奔丧》、《檀弓》上下、《曾子问》、《丧大记》、《丧服小记》、《杂记》上下、《服问》、《间传》、《问丧》、《三年问》、《丧服四制》
	记有关祭礼制义	《祭法》《祭义》《祭统》
	记投壶之礼	《投壶》
散论	记日常生活礼节	《曲礼》上下、《内则》、《少仪》
	记重要礼制	《王制》《郊特牲》《玉藻》《明堂位》《大传》《深衣》
	记国家颁授政令	《月令》
	记世子教育及人才选拔制度	《文王世子》

上表见高明《礼学新探·礼记概说》（北京：中华书局，二〇一一年），页九—十；王锦文《礼记译解》（上）（北京：中华书局，二〇〇一年），页四—五。

《礼记》始于《曲礼》，终于《丧服四制》，按内容性质而言，可分以下几类：一、通论礼仪的背后意义；二、阐述儒家礼学和修身思想；三、记述和解释与生命历程相关的礼仪；四、记述和说明祭礼；五、记述和说明重要礼制；六、其他制度，如国家政令、世子教育等。

如上所言，《礼记》是礼学和相关文献的汇编，四十六篇文章（《曲礼》《檀弓》《杂记》三卷分为上下篇）的内容互不统属，文章写成的时间跨度也很长，如《哀公问》《仲尼燕居》《孔子闲居》是春秋末期到战国初年的孔门文献，而《文王世子》《礼运》《月令》《明堂位》则是战国晚期的文献。所以上述的分类对读者阅读文本不无帮助，但若想更准确地掌握《礼记》，便先要洞悉本经要旨；如欲清楚本经要旨，又必先要明白春秋战国时代"礼"的意义。

四、"礼"是什么？又不是什么？

"礼"是什么呢？或许我们可以在《左传》中找到答案。

公元前五三七年，鲁昭公访问晋国，并依礼数

"自郊劳至于赠贿",可是晋国的大臣女叔齐却批评昭公:"是仪也,不可谓礼"。其实,按礼言礼,鲁昭公的行为并无不妥,但因为当时鲁国君权旁落,政事日非,国家的"政治秩序"可谓荡然无存,"礼"已失去"守其国,行其政令,无失其民"的作用,所以女叔齐才质疑鲁昭公:"屑屑焉习仪以亟,言善于礼,不亦远乎。"(《左传·昭公五年》)

公元前五一七年,晋国的赵简子访郑。当时,赵简子向子大叔请教"揖让、周旋之礼",子大叔答曰:"是仪也,非礼也。"接着,赵简子问"礼"的意义。子大叔回答说:"夫礼,天之经也,地之义也,民之行也",又说:"礼,上下之纪,天地之经纬也,民之所以生也,是以先王尚之。"(《左传·昭公二十五年》)不论是女叔齐还是子大叔,两人对"礼"和"仪"的划分都反映了春秋时代的"秩序危机"——"礼崩乐坏",而"礼"正是时人用以处理上述危机的方案。

社会学家认为"礼"是"社会规范"(social norms),有学者认为《礼记》蕴含的"礼"是"内圣外王,修身治人"之道。[①]以上的说法对不对呢?

---

① 陈章锡:《〈礼记〉思想系统的探究》,《兴大中文学报》,第二十五期(二〇〇九年六月),页三一。

笔者认为无论"修身"也好,"治人"也罢,若无"秩序准则"作凭依,则一切无法定夺。所以《礼记·礼运》云:"故圣人参于天地,并于鬼神,以治政也。处其所存,礼之序也;玩其所乐,民之治也。"文中所言的"礼之序",就是存在于天地四时,上下四方,人伦世界的"神圣秩序"。"礼"虽具有"社会规范"的作用,但"礼"的意义却非"社会规范"一语所能涵盖。

五、"礼"之"神圣秩序"的现代意义

"礼"之所以是"神圣秩序",因为它是殷商文化所遗留的"宇宙神话"的延续。所谓"宇宙神话",是指相信人世的秩序是植根于神灵世界和宇宙秩序的一种思想,这种神话相信宇宙秩序和人世秩序的基本制度是神圣不可变的。[①]"礼"所蕴含的"神圣秩序"对现代人而言还有意义吗?

---

① 张灏:《超越意识与幽暗意识——儒家内圣外王思想的再认识与反省》,《张灏自选集》(上海:上海教育出版社,二〇〇二年),页二八。

（一）阅读《礼记》，重寻"真我"

《礼记·乐记》说："礼者，天地之序也。……序故群物皆别"，"秩序"是古往今来人类的共同需要，但和现代人不一样，古人相信一切彼此相关的事物与现象之间，存在某种互相影响，甚至是决定性的因果关系。《礼记》所表述的正是这样的"世界"。《礼记·礼运》言：

> 夫礼，先王以承天之道，以治人之情。故失之者死，得之者生。

又谓：

> 夫礼，必本于天，殽于地，列于鬼神。达于丧、祭、射、御、冠、昏、朝、聘。故圣人以礼示之，故天下国家可得而正也。

在此，"礼"以自然秩序为本体，其落实在具体的人伦秩序之上，表现在各项仪式之中，这就是所谓"承天之道，以治人之情"。说"礼"是"承天之道"，说明了它的"神圣义"；而"以治人之情"即揭示"神圣的礼"最终还是在"人间"得到落实。

如上所言,"礼"是"治人情"的,"人情"为什么要"治"呢?《礼记·乐记》记载了以下的一段话:

> 人生而静,天之性也。感于物而动,性之欲也。物至知知,然后好恶形焉。好恶无节于内,知诱于外,不能反躬,天理灭矣。夫物之感人无穷,而人之好恶无节,则是物至而人化物也。人化物也者,灭天理而穷人欲者也。

人能够认识世界,是因为人有感知外界的能力,但因为"人之好恶无节",不断地"接应"外物(穷人欲),便会使本性中的"善"渐渐丧失(灭天理)。最后,"人"便会"物化"(人化物)。"人随物化"是人性的幽暗面,同时也是现代社会人类面对的危机。

现代化时代是一个世俗化的时代,是一个除魅的时代,是一个价值多元的时代,是一个工具理性代替价值理性的时代。

在前现代的传统社会,无论是欧洲还是中国,人们的精神生活之上都有一个超越的神圣世界。通过外在超越的方式(如西方的上帝),或是内在超越的形态(如孟子的"尽心知性知天"),人们可以与"神圣世界"连成一气。这个神圣世界提供了世俗世界的核心价值、终极关怀和生活意义。然而,进入近现代,神圣世界崩溃,超越的价值系统逐渐消解,人的精神生活开始世俗化。

随着人的主体性位置的确立,人替代了超越之物而成为自己精神的主宰,理性、情感和意志获得了独立的自主性。人们的终极关怀、价值源头和生活的意义不待外求,而从世俗生活本身自我产生。①"个人主义"在现代社会"独当一面",驾驭了社会,并操控了人心。翻阅《礼记》,我们或许可以重寻"真我"。何谓"真我"?《礼记·中庸》言:

> 唯天下至诚,为能尽其性。能尽其性,则能尽人之性。能尽人之性,则能尽物之性。能尽物之性,则可以赞天地之化育。可以赞天地之化育,则可以与天地参矣。

从"尽其性"到"尽人之性",再从"尽人之性"到"尽物之性",直至"赞天地之化育",这其实是一个"自我实现"的过程,也是个体寻求"真

---

① 许纪霖:《启蒙如何起死回生:现代中国知识分子的思想困境》(北京:北京大学出版社,二〇一一年),页三二九—三三〇。

我"的经历。当我们能够参与"天地"养育和成就万物的工程,就已经与"神圣秩序"相交融,进入了所谓"天人合一"的境界。如此,"自我"已落实在宇宙大化的背景之中。

从时间而言,"自我"已载负了历史,与现世并居,又承担了开拓将来的责任;就空间而论,"自我"不是"一己"潜能的发挥,而是关顾他人,留心社会,注重国家,情牵世界的"自我"。

(二)阅读《礼记》,知人的可贵

诚如杜维明先生所言,要成为一个"本真的人",固然是对己诚,待人忠,但同时也必然会产生一个"无止的过程",一个"学做人"的过程。这个过程意味着"审美上的精致化"(美学)、道德上的完善化(伦理)和信仰上的深化(宗教)[①],而"礼"就是上述过程启动的关键,《礼记·曲礼上》:

> 鹦鹉能言,不离飞鸟。猩猩能言,不离禽兽。今人而无礼,虽能言,不亦禽兽之心乎?

---

① 杜维明:《儒家论做人》,《儒家思想——以创造转化为自我认同》(台北:东大图书公司,一九九七年),页五三—五四。

> 夫唯禽兽无礼,故父子聚麀。是故圣人作,为礼以教人,使人以有礼,知自别于禽兽。

"人"能够意识到"人禽之别",是因为有"礼"的存在。当然,"礼"使我们"所以知",而不可以令我们"所能知"。"人"之所以与"禽兽"有别,是因为人的"特殊"性:

> 故人者,其天地之德,阴阳之交,鬼神之会,五行之秀气也。(《礼记·礼运》)

所引上文,强调"人"的与众不同。"人"之异于禽兽,是源于人有"天地之德""阴阳之交""鬼神之会",是集合"五行之秀气",所以"人"便拥有"道德自觉"的能力,有不断完善自我的可能。

基督教告诉我们,人之所以尊贵,因为人是上帝所造的;《礼记》提醒大家,人之所以尊贵,是由于人源于天地,并扎根于"神圣秩序"之中。而"礼"就是"神圣秩序"在"生活世界"的体现。

(三)阅读《礼记》,发现生活的"理"与"情"

所谓"生活世界",是指我们可以直接经验到的周遭世界。人，生于斯，长于斯，并借着对"礼"的实践，让"自我"与天地大化合而为一，让生命的意义得到落实。由此，"礼"并不是一种外在"规范"，而是被先贤"创造"和"转化"，内化于人心，体现于"生活"的"理"。《礼记·礼器》说：

> 礼也者，合于天时，设于地财，顺于鬼神，合于人心，理万物者也。

"礼"源于"俗"，所以孔子说："夫礼之初，始诸饮食"（《礼记·礼运》）。"俗"就是生活世界的人类历史文化、行为习惯的沉淀。《礼记》中"礼"的创造原则，超越了具体繁文缛节之符号形式，它是将符号形式加以抽象化的过程，继而化约为普遍性之概念。唯其成为普遍性之概念后，才能不局限于一隅，进而表现为人类共同情感之内容。[1] 同时，"礼"也是人类共同的"理"。

"礼之理"的首要表现为"称"。何谓"称"？《礼记·礼器》云：

---

[1] 林素玟：《〈礼记〉人文美学探究》，页一六二。

> 古之圣人，内之为尊，外之为乐，少之为贵，多之为美。是故先王之制礼也，不可多也，不可寡也，唯其称也。

每个人在履行礼制的时候，要按身份和情况而行，过多或不足都是不合适的。为什么《礼记》行礼的时候要"称"呢？若从功能论之，人行礼不"称"其"身份"，那么"礼"的"分别"意义便会丧失。在春秋之时，所谓"礼崩乐坏"即是如此。当时的贵族不按身份，不理制度，就一己所好，做出种种僭越礼乐制度的行为。当孔子看见季氏演八佾之舞于庭，即愤然骂道："是可忍也，孰不可忍也？"原因是季氏之举不"称"其"身份"。

此外，在"理"之内还包含了"情"，且先看看《礼记·檀弓下》孔子和子路的一段对话：

> 子路曰："伤哉贫也！生无以为养，死无以为礼也。"孔子曰："啜菽饮水，尽其欢，斯之谓孝。敛首足形，还葬而无椁，称其财，斯之谓礼。"

自古以来，生养死葬是为人子者的基本"孝

道"。在上文里，子路以贫而叹无法尽生养死葬之义，孔子认为，礼仪背后的情意才是礼的本质。只要父母在生时，以尽其欢；父母亡时，称财而葬，这就是礼的本意，也就是"礼之美"。

又例如有一次，孔子在卫国遇上送葬的行列，他驻足观察后便对学生说："善哉为丧乎！足以为法矣，小子识之。"是时，子贡不明所以说："夫子何善尔也？"孔子就答道："其往也如慕，其反也如疑。"很明显《礼记·檀弓上》所记载的并不是礼制文仪，而是送葬孝子的情态，"往如慕，反如疑"正是丧亲者对父母的"真情"流露。

随着时代不同，"礼"的形式是会转变的。譬如就丧礼而言，古礼的丧服共有缌麻、小功、大功、齐衰、斩衰五种。对于父母之丧，因为孝子的创伤甚巨，所以要守丧"三年"。按《礼记》说，这是"称情而立文，因以饰群，别亲疏、贵贱之节"，所以是"不可损益"的（《礼记·三年问》）。当然，时移世易，有很多古礼已不合时宜，但我们阅读《礼记》时，仍可以从古代礼仪里，"发现"古人制礼的深意，并将其意通过不同的"形式"行诸当下。例如古人为二十岁的男子在宗庙举行"冠礼"（即是成人礼），除了表示隆重其事，还有"自卑而尊先祖之意"(《礼记·冠义》)。古人借着"冠礼",让成年的男子明白自己不是空悬的"自我",而是纵连祖先、宗族、横及社会、国家的"责任载体"。

又如《礼记·昏义》记载古代婚礼。迎娶新妇入门后,新郎接新娘一起进家用餐:"共牢而食,合卺而酳,所以合体同尊卑以亲之也。"丈夫与妻子吃同一样的饭菜,用同一只葫芦,剖开两只瓢来盛酒漱口,以示夫妻合为一体,不分尊卑。新婚之夜过后,新妇一早起来沐浴,预备见翁姑。待礼成之后,新妇会用一只小猪作主菜,为翁姑烧一顿饭。再过一天的早晨,翁姑会设宴招待新娘,并用非常隆重的方式向新娘敬酒,又特意把主人专用的东阶让给新娘,表示新娘已正式代替婆婆做一家之主妇。新妇与翁姑之间的"礼尚往来",既可消减家庭新成员的不安感,又可以表示认同新成员。而新妇与翁姑的礼仪又象征着互相尊重和信任,体现出人与人交往的善与美。

众所周知,家庭是中国社会的初始,也是"自我"成长的所依。古代与现代婚礼之别,是前者以"家"为核心,讲的是新人对家庭(甚或是家族)的责任;后者以个人为重点,注重个体与个体的权责。所以《礼记·昏义》明言:

> 成妇礼，明妇顺，又申之以著代，所以重责妇顺焉也。……是故妇顺备而后内和理，内和理而后家可长久也，故圣王重之。

由此可见，对古代女性而言，婚礼中的"妇礼"意义十分重大。因为经过"妇礼"之后，新婚的女子不仅成为妻子，成为"一家之主"，更肩负起和睦家庭内部关系的重责。或许读到《礼记·昏义》，我们会重新反思时代流行的婚姻观。

当然，所谓"经礼三百，曲礼三千"，对古人来说，《礼记》可以说是一本包罗万有的"生活词典"。《礼记·丧服四制》说："凡礼之大体，体天地，法四时，则阴阳，顺人情，故谓之礼。"就"天地""四时""阴阳"而言，可说是"礼"背后的"神圣秩序"的场景，而我们在行礼之时，要体味的是人间的"理"与"情"。

六、结语

晚清之际，为改革舍身的谭嗣同（一八六五—一八九八）在赴义前两年，完成了《仁学》。在这本小书里，我们可以窥见烈士对"礼"的批判。谭氏在《仁学》中强调：儒家思想中，不论是三达德或五常，或是其他重要的道德观念（例如诚），它们都为仁所涵摄包容。唯一的例外是"礼"。依他看来，"礼"虽然也源于仁，但"礼"常常变成与仁大相径庭的伦常观念。简言之，"礼"会戕害"自我"。

究竟"礼"是"成就自我"的媒介，还是"压抑自我"的帮凶？今天，翻开《礼记》，我们应当关注的不是"礼"的"形式"，反之，我们要体味的是"礼"蕴涵的"情理兼备"的精神。若然大家能抓紧上述的"礼"的"核心价值"，那样便会发现《礼记》的无穷生命力。由是之故，本书〔指中华书局（香港）有限公司出版的"新视野中华经典文库"之《礼记·孝经》〕所选的《礼记》诸篇，虽以北京中华书局出版的《中华经典藏书·礼记·孝经》为底本，但其中也有斟酌损益之处。如选译《曲礼》的部分章节，将上、下篇合并为一，又加入《檀弓》篇的章节。又例如以《仲尼燕居》篇取代原来的《缁衣》篇。而选择取舍的标准，皆以"生活"为依归。因为笔者深信"礼"源于生活，生活蕴含人情。

《孝经》导读

在「孝」以外
——《孝经》的现代诠释

刘志辉　香港公开大学人文社会科学院兼任导师

一、《孝经》——一本消解"个人主义"遗毒的书

一九一八年秋,广东顺德的简朝亮(一八五二—一九三三,字季纪,号竹居,康有为的同门师兄)花了约一年的时间,完成了他的《孝经集注述疏》。比起他的前作《尚书集注述疏》和《论语集注述疏》(前者耗费了十一年才完稿,后者也花上十年才杀青),注述《孝经》只不过是小事一桩。但是这一位晚清宿儒却煞有介事地说:"《孝经》者,导善而救乱之书也。"[①] 是的,一九一八年,国外欧战正酣,国内军阀倾轧,当然是乱世。然而,身处乱世的简老,断言《孝经》能够"导善救乱",又会否有点夸大?

班固在《汉书·艺文志》中说:"夫孝,天之经,地之义,民之行也。举大者言,故曰《孝经》。"提到《孝经》,我们可能会联想到儒家的"六经"。然而,《孝经》的"经"与《诗》《书》《礼》《易》称"经"的意思并不完全相同。儒家的"经"是汉人把儒家著作奉为经典后加上去的,《孝经》的"经"是道理、原则、方法的意思。皇侃(四八八—五四五)

---

① 简朝亮:《〈孝经集注述疏〉序》,《孝经集注述疏》(上海:华东师范大学,二〇一一年),页三。

在《孝经义疏》里曾说:"经者,常也,法也。……言孝之为教,使可常而法之,……故曰《孝经》。"按皇侃的说法,《孝经》就是"关于孝的道理""行孝的方法"的意思。① 原来《孝经》之名早已蕴含"导善之法"。

《孝经》这部"导善救乱"之书的作者是谁呢?关于作者的问题,大概有十一种说法,其中包括:孔子所作说、曾子所录说、子思所作说、孔门七十子之徒遗书说、齐鲁儒者附会说、孟子门人所著说、汉儒所作说、折中说(历数代逐渐成书)、曾子弟子编录说、曾子弟子乐正子春、乐正子春的弟子或再传弟子整理说等。虽然,《孝经》作者谁属至今仍未有定论,但此书形成于战国期间却是可以肯定的。②

---

① 胡平生:《孝经译注》(北京:中华书局,一九九六年),页一〇一一一。

② 胡平生认为《孝经》是由孔子讲授,曾子弟子乐正子春或其再传弟子所整理的。见胡平生《孝经译注》,页一至八。汪受宽则推断《孝经》是孔子嫡孙子思(前四三八—前四〇二)所撰写的,见汪受宽《孝经译注》(上海:上海古籍出版社,二〇〇七年),页四—八。张践则认为《孝经》是曾子门人的作品,见《〈孝经〉的形成及其历史意义》,姜广辉主编:《中国经学思想史(第二卷)》(北京:中国社会科学出版社,二〇〇三年),页一一五—一二一。但据近年研究显示,上述各说仍未成定论。至于《孝经》的相关研究概况,可参考肖永明、罗山《近年来〈孝经〉研究综述》,《云梦学刊》,第三十卷,第五期(二〇〇九年五月),页二五—二六。

经藏书之禁,历秦火之劫,《孝经》就如其他典籍一样,一度隐没于民间。至汉惠帝四年(前一九一)挟书令解禁,民间的儒家学者渐渐恢复儒家典籍的授受。据说《孝经》本由河间(今河北献县东南)人颜芝所收藏,后由其子颜贞传出,共十八章。其后,河间献王刘德献此书于朝廷,这便是后世所说的《今文孝经》。文帝时,《孝经》与别的儒家经典立于学官。据《汉书·艺文志》和《说文解字·叙》记载,汉景帝的儿子,鲁恭王刘余(?—前一二八)扩建孔子旧宅时,发现一批古文简牍,其中包括由籀文写成的《孝经》,此即是《古文孝经》。对比之下,《古文孝经》将今文两个章节内分为五个章节,另外还多出了《闺门》一章,共二十二章。关于《古文孝经》问题,还有另外一种说法,据说此书是汉昭帝时候,鲁国三老所献的。而根据相传是孔安国作的《古文孝经序》载,鲁三老所献的就是孔子旧居的二十二篇《古文孝经》。① 到西汉成帝时,刘向(前七七—前六)主持皇家藏书整理工作,以《今文孝经》为主本,用《古文孝经》对其进行删订,定为十八章,并通行于世。《古文孝经》以孔安国传为尊,而《今文

---

① 有人怀疑《古文孝经序》是东汉人托名之作。

孝经》则以郑氏注为重。①

在魏晋南北朝时期，今古文《孝经》曾并行于世，但至公元五五四年，西魏军队围攻江陵，梁元帝下令焚毁所有图书，《古文孝经》又绝迹于尘世。隋开皇十四年（五九四），《古文孝经》重出于市井，辗转流入宫廷，隋文帝下诏把今古文《孝经》立于国学，并颁行天下，然而当时学者均对重出的《古文孝经》存疑。自今古文《孝经》并立于世以来，一直纷争不绝。开元七年（七一九），唐玄宗李隆基（六八五—七六二）诏令群儒讨论《孝经》今古文的优劣。当时左庶子刘知幾（六六一—七二一）力主用《古文孝经》孔传本，国子祭酒司马贞则力主今文。结果，玄宗最后裁定："郑仍旧行用，孔注传习者稀，亦存继绝之典。"②并听从司马贞等人所议，去《闺门》章，以十八章《今文孝经》为定本。开元十年（七二二）和天宝二年（七四三），玄宗两次亲自对《今文孝经》进行注释。天宝四年（七四五）御注的《孝经》刻成石经，立于京师国学，人称《石台孝经》。自此，《今文孝经》凭圣宠显贵；反之，

---

① 所谓郑氏注，是郑玄的孙子郑小同及其后人所作的《孝经》注。

② 《孝经郑氏注》。

《古文孝经》渐不为世人所重。如北宋咸平年间,邢昺(九三二——一〇一〇)奉诏校定的《孝经注疏》三卷便是以唐玄宗所定的《孝经》正文及注为基础,再据元行冲的《疏》编撰而成。后来,直至清代,帝王对《孝经》之重视有增无减,如顺治、康熙、雍正三朝屡出《孝经》之御注、钦定、御纂版本。总之,自秦火以后,《孝经》与政治已结下了千世不解的情缘。

《孝经》主题内容表解

篇章	内容重点
第一章	全书的总纲,说明孝道的宗旨和意义,并从个人、社会和政治的角度阐明孝的重要性。
第二至六章	分别论述"五孝",说明天子、诸侯、卿大夫、士、庶民各自适当的孝行。
第七章	从宇宙论的向度,说明孝如何连接天道、地道和人道。
第八、十一、十二、十三、十六、十七章	描述为政者应该如何行孝,使社会获得真正和谐。
第九、十、十四、十五、十八章	从个人的维度详述孝。

上表见罗思文、安乐哲著,何金俐译《生民之本:〈孝经〉的哲学诠释及英译》(北京:北京大学出版社,二〇一〇年),页九一十。

简而言之,二十世纪以前,不论是皇族、官员,还是寻常百姓家,都一直奉《孝经》为圭臬。作为一部经典，《孝经》不仅官、私注疏不绝，而且本经所述更被编绘成图录传世。作为载负儒家思想的文本，《孝经》展示了儒家思想传统中对天地之道的敬畏之情，经中提倡的"孝"文化，成为贯通中华民族文化的经纬。例如吕妙芬就发现，除了政治、社会和教育向度，在晚明时期，很多士人不仅通过诵读《孝经》来消灾、驱魅、祈雨、求寿，而且诠释《孝经》的时候，也流露出浓厚的"宗教性"。譬如明万历年间的虞淳熙（一五五三——一六二一）就把"孝"视为宇宙万物和自然人文的秩序源头，也是维系世界和谐的应然规范[①]。但世事如棋，进入近现代，《孝经》的命运又起了前所未有的变化。

踏入二十世纪，曾经受万千宠爱的《孝经》，被打入冷宫了。虽不至于无人问津，但却可说是门可罗雀。今日，我们提起《孝经》，除了肯定它的道德作用，总会把这本千年经典，与君主制、家长制、社会层级制，以及专制、愚民、封建等概念挂钩。如《孝经》讲的"五孝"——《天子》《诸侯》《卿大夫》《士》《庶人》诸章，俨然就是一幅古代中国

---

① 吕妙芬：《孝治天下：〈孝经〉与近世中国的政治与文化》（台北："中央研究院"，二〇一一年），页一三七。

的"封建制度图"。若撇开天子不论,本经要求诸侯必须"在上不骄","制节谨度","满而不溢";卿大夫则"非法不言,非道不行";作为士须"忠顺不失,以事其上";至于庶人也要"谨身节用,以养父母"。所以有不少学者认为,《孝经》乃是一本讲"忠顺",并为专制皇权服务的教科书。

诚然,我们不能否认,长久以来,《孝经》肩负着沉重的"政治责任",但在二十一世纪的今天,脱离了政治羁绊,《孝经》又会是一本怎样的书?当我们翻开《孝经》,或许就会如竹居先生(简朝亮)所说的一样,发现它不是象牙塔的专属品,而是一本"导善而救乱之书"。

二、"I"时代的"我":极端"个人主义"的危机

同为一九一八年,浙江绍兴的鲁迅(周树人,一八八一——一九三六)在《新青年》上发表了第一篇白话文短篇小说《狂人日记》[①]。《狂人日记》利用

[①] 鲁迅在一九一八年五月号的《新青年》杂志上写了几首诗,并写了一篇小说《狂人日记》。见夏志清著,刘绍铭译《中国现代小说史》(香港:香港中文大学出版社,二〇〇一年),页二九。

讽刺手法，控诉了传统中国的"吃人的礼教"：

> 我翻开历史一查，这历史没有年代，歪歪斜斜的每叶上都写着"仁义道德"几个字。我横竖睡不着，仔细看了半夜，才从字缝里看出字来，满本都写着两个字是"吃人"！

有论者认为，中国的"吃人礼教"，并不是最可怕的，最悲哀的反是狂人最后的期许：

> 没有吃过人的孩子，或者还有？
> 救救孩子……①

也许"救救孩子"不是祈愿，是绝望的呐喊。因为中国的孩子都怀着"吃人"的意向。中国的孩子都是在"吃人"的社会中被养大的，也都内化了这个社会的习俗与准则。② 不管是祈愿也好，是呐喊也好，毫无疑问，《狂人日记》和鲁迅的一系列作

---

① 鲁迅:《狂人日记》,《鲁迅全集》(北京：人民文学出版社，一九八一年)。
② 林毓生:《鲁迅思想的特质及其政治观的困境》,《中国传统的创造性转化》(北京：三联书店，二〇一一年)，页四九二。

品,在二十世纪初,都成为中国人"反传统主义"的标记。诚然,当时中国人"反传统"并不是目的,只是手段,是一种争取"自我"解放的手段。

有人认为,二十世纪,中国人最宝贵的就是发现了"自我"。若用卢梭(Jean-Jacques Rousseau,一七一二——一七七八)的话说:"每个人都是高贵的存在,他的高贵到了使得他人不可成为别人工具的程度。"① 进入近现代中国,似乎大家开始明白人的尊严的重要性。明白尊重一个人,就要肯定他的自主性、他的自主权、他的自我发展权利。简言之,个人的存在,本身就是目的,而不是工具。②

相对于我们的祖父辈,今天的"我"更理性,更自由,更懂得自得其乐地满足一己的需求。我们不需要规矩,不需要权威,不需要传统。我们可以把这个年代称为"I"时代。所谓"I"就是"我","I"时代即是一个"以我为尊"的时代。今天,为了追求"真正的自由",我们逃离了传统的约束,权威的辖制。简而言之,"I"时代的"我",就是一

---

① Steven Lukes (1973). *Individualism,* Oxford: Basil Blackwell, 49.

② Immanuel Kant, *The Moral Law: Kant's Groundwork of the Metaphysic of Morals*, translation by H. J. Paton(1958), 3rd edn, London: Hutchinson & Co., 90–91.

个"原子式"的"我"。从纵向而言,"我"和"过去"与"未来"没有关系;从横向而言,"我"与"他人""社会"和"国家"也可以没有关系。"我"是"独立""自主""自存"的个体,是没有历史包袱,没有被先设道德规范制约的"自由人"。就如迈可·桑德尔(Michael J.Sandel,一九五三—)所言:

> 我的责任只限定于我所做所为,这是个解放观念。其假设是人身为道德行动者,是自由且独立的自我,不羁于任何先设的道德拘束,有能力为自我选择目的。不羁于习俗、传统、原生地位,唯有个体自由选择,才是我应尽道德义务的来源。①

如今,"我"是一切的标准,我的所是为是,我的所非为非。更重要的是,由于"我"与"宇宙"(上下四方曰"宇",古往今来曰"宙")割裂,所以我们对一切——除了自己所做的,也无须负责。相比于我们的祖父辈,"I"时代的"我"似乎更能体

---

① 迈可·桑德尔著,乐为良译:《正义:一场思辨之旅》(台北:雅言文化出版有限公司,二〇一一年),页二三八。

会到"自由"的真谛。

但正当我们沾沾自喜的时候,可能蓦地发现,周遭的世界充斥着无聊、烦恼、不安,人与人之间失去了信任,政党、政客、政治纲领都变得不可信赖。个人面对国家、政府、社会都进入一种"迷失"的状态。美国哲学家杜威(John Dewey,一八五九——一九五二)告诉我们,现代人的自我"迷失"是无可避免的。这是因为在现代社会的境遇中,个体是分散的,社会不再是一个互相依存的整体,故不能在其中得到安慰和满足。①

当"我"自以为获得"自由"时,"自由"却令"我"迷失了!

三、借《孝经》重寻真正的"自我"

同样是一九一八年的作品,有趣的是,若把《狂人日记》与《孝经集注述疏》放在一起,我们会发现它们的"矛盾"和"对立":前者代表着"现

---

① 詹姆斯·坎贝尔著,杨柳新译:《理解杜威:自然与协作的智慧》(北京:北京大学出版社,二〇一〇年),页一五三。

代""进步"与"解放",后者承载的是"传统""落后"和"压抑"。由此说来,今时今日,莫非《孝经》真的是一文不值吗?

不是!绝对不是。两位美国人,罗思文(Rosemont)和安乐哲(Ames R.T.)在翻译《孝经》的时候,就向我们揭示《孝经》的价值所在:

> 该书(指《孝经》)提倡维护历史、敬畏传统,不仅只是保守权力主义知识分子的悲叹,而是包含这样敏锐的洞识,即我们之所是所成总是与过去相连。确实,抹杀过去也就意味着我们迷失了自己所是,这样,一个直接后果就是丢失了我们未来(在一个更和平世界中)之所是和所要成就的方向。①

原来,只要我们细读这一本古老的教科书,便可以从"过去"中认定"自我"的价值所在,明白"自己"所成所是的来由,并借此能够面对"未来"和"世界"。

大家可能怀疑薄薄的一本《孝经》真的有如此

---

① 罗思文、安乐哲著,何金俐译:《生民之本:〈孝经〉的哲学诠释及英译》(北京:北京大学出版社,二〇一〇年),页二三。

能耐吗？中国传统的"孝"与"I"时代的"自我"又有什么关系？

在中国，"孝"的观念由来已久。中国的第一部词典《尔雅》说："善父母为孝。""孝"的基本含义，就是善于侍奉父母。究竟怎样才算得上是"善父母"？《孝经》作了很好的补充："生事爱敬，死事哀戚，生民之本尽矣，死生之义备矣，孝子之事亲终矣。"[①] 父母在世的时候，为人子女的要爱且敬，父母过世了，为人子女则事之以哀恸，这就是"死生之义"。什么是"义"？有人说："'义'就是正确，就是正当的行为。"其实，中国儒家认为个人的行为是"义"或"不义"，不能单从个人出发，而是要把个人的行为放在诸种关系中去衡量，也要顾念他人的感受。子女行孝不仅是履行一种责任，而且是个人"道德自觉"的培养。孔子就说："孝弟（悌）也者，其为仁之本与！"（《论语·学而》）中国人把"仁"（最高的道德总体）的根扎在家庭生活和家庭成员的关系上。由此可见，中国人讲"孝"，是以个人与个人的关系开始，是从人类最原始、最朴素的感情开始，继而通过履行"孝道"，在日常生活中

---

① 《孝经·丧亲章第十八》。

培养个人的道德意识，并成就恰如其分的"自我"。《孝经》的《纪孝行章第十》说：

> 事亲者，居上不骄，为下不乱，在丑不争。居上而骄则亡，为下而乱则刑，在丑而争则兵。三者不除，虽日用三牲之养，犹为不孝也。

"事亲"不仅是子女和父母之间的事，而且个人在家庭、社会、国家的关系网络中，要对自己的所行所是保持高度警惕。

儒家关注自我确认，追求自我人格，重视自我实现。这一切都是从群体中去把握，在温情脉脉的相互规定中去把握。有人认为，"自我"处于内外亲疏、上下尊卑、高低贵贱、男女长幼、爱尊厚薄等关系网中，这会丧失了权利平衡和个体自主。但我们要注意的是"自我"其实并未因此而丧失，相反，"自我"真正融入了日常人伦之中，让人感到安全。儒家把外在的规范约束，解说成人心的内在要求，用心理情感原则，把"自我"引导到人际关系之中。孔子说："弟子入则孝，出则弟，谨而信，泛爱众，而亲仁。"（《论语·学而》）人与人之间的关系规定，已成为"自我"认可并自觉遵循的原则。①

此外,《孝经》向我们展示的"自我",不仅是注重现世关系的"自我"。如在《孝经·开宗明义章第一》中,当说明什么是"孝"之后,孔子还引用了《诗经》的《大雅》"无念尔祖,聿修厥德"作结。我行孝与"过去"的祖先有什么关系?祖先修德又与"现在"的我何干?当我们细读《孝经》,就会明白"自我"有了时间的维度,有了传统,有了渊源。

有人说,《孝经》中讲"爱",这是不错的,但它更重视的是"敬"。

所谓"敬",就是个人对祖先的"敬畏"。《孝经》言"生事爱敬,死事哀戚",我们爱父母当然重要,但对父母、祖父母和家族先祖怀着敬畏之情,也是十分重要的。这种敬畏包含的是个人对"过去"的尊重,对天地的尊重。李泽厚认为:"孝"本是氏族群体为维护、巩固、发展其生存延续而要求个体履行的一种社会道德义务。但经由巫术礼仪到礼制化和心灵化之后,"孝"就成为超越此世间人际的神

---

① 刘志辉、赵善轩、李小杰:《古今大不同》(香港:汇智出版社,二〇一二年)。

圣的绝对命令。"不孝"不仅违反人际规则,而且触犯天条,当遭天谴。"孝"可以说是中国人的"宗教性道德"。① 所以《孝经·三才章第七》说:

> 夫孝,天之经也,地之义也,民之行也。

若从政治的维度看,《孝经》讲明主治国,也是讲"尊重":

> 夫然,故生则亲安之,祭则鬼享之,是以天下和平,灾害不生,祸乱不作。故明王之以孝治天下也如此。(《孝经·孝治章第八》)

今天,政府在制定政策的时候,往往是从"效益主义"(Utilitarianism)的原则出发,即"计算"政策本身能带来多少"利益总和"。但《孝经》所讲的"孝治"精神却注重对"人"的尊重,这正是中

---

① 所谓"宗教性道德"与康德所讲的"绝对命令"相类似。此类道德律则,如宋明理学家常言的"天理""良心"等具有普遍性和绝对性,如"三纲五常",便经常被称为"神意""天道""真理"或"历史必然性",即以绝对形式出现,要求"放之四海而皆准,历时古今而不变",这就是"宗教性道德"。见李泽厚《历史本体论》(北京:三联书店,二〇〇二年),页四四—四八。

国先秦儒家"民本说"精神的体现。

简言之,若"自我"是船,《孝经》就是锚。船有了锚,就可以定下来,不再随波逐流,四处飘荡。如果我们认同"I"时代的"自我"陷于迷失之中,那么《孝经》正是一本"导善"和"救乱"之书。还记得简朝亮在《孝经集注述疏序》篇末云:

> 自念童时,家君以《孝经》命之读,布席于地,执书策而坐,在膝下读焉。今无几何,身年六十有八,虽目光尚如童时,而亲亡矣,书策徒存,安得知膝下读《孝经》时也?

当我们道尽万语千言,解读这一部小小的经典之时,简老提醒大家要读懂《孝经》,最好还是不要离开它的原点——"亲情"。

《孔子家语》导读

圣人立体生命的彰显

潘树仁

香港中知书院客座教授,
人文学会客座教授,
香港专业教育学院客座讲师

提起孔子，很多人会立刻想到《论语》，而对《孔子家语》，却知之者甚少。造成这种状况，可能有两大原因：一是，《论语》篇幅短小，语言精练，内容丰富，集中体现了孔子的思想；而《孔子家语》则相对内容驳杂，篇幅庞大，字数远远超过《论语》。二是，《论语》作为儒家的经典著作，是由孔子的弟子及再传弟子编纂而成，历来对此意见比较统一，虽然也有人对其版本有不同的意见，但无大的分歧；而《孔子家语》的真伪则遭遇较大质疑，甚至一度被认定是伪书，影响了它的流传。无可否认，学习研究孔子的基本思想，当以《论语》为最可信赖的材料。但若要全面了解孔子的人生事迹及其学说，感悟一位圣人的立体生命形态，则不可不读《孔子家语》。

一、书名、作者与成书

《孔子家语》，又名《孔氏家语》或者《家语》，是记述孔子生平和思想的著作，采用对话体的形式，记录了孔子与弟子及其他人的对话问答和言谈行事，比《论语》的记载更为详尽具体。关于该书的作者和版本问题,历来争论较多,莫衷一是。

《汉书·艺文志》最早著录《孔子家语》,曰"二十七卷",孔子门人所作,其书早佚。而唐代颜师古注《汉书》时,曾指出二十七卷本"非今所有家语"。他所谓今本,即流传下来的十卷本,题为三国时魏王肃所注。宋代王柏首先提出《家语》实为王肃所撰写,是一部伪作。至清代训诂派,如姚际恒《古今伪书考》、范家相《家语证伪》等都认为《家语》是伪书。近代学界疑古之风盛行,《家语》乃王肃伪书的观点几成定论。虽也有学者指出其并非伪书,但也多认为经过了王肃加工,有相当部分内容为其所增。

不过,现代考古学的发展为古书真伪之辩提供了很好的佐证。一九七三年河北省定县(今定州市)八角廊出土西汉墓竹简《儒家者言》,内容同今本《孔子家语》近似。一九七七年安徽省阜阳双古堆西汉墓也出土了木牍,篇题与《儒家者言》相应,内容同样与《孔子家语》相关联。另外随着上海博物馆藏战国楚竹书的问世、英藏敦煌写本《孔子家语》的公布,人们对于《孔子家语》伪书说逐渐有了新的认识。这一系列新的发现说明,今本《孔子家语》是有来历的,它很可能早在西汉即已有原型存在和流传,并非伪书,更不能断然说成是王肃所撰。大致可以这样梳理、归纳:《孔子家语》是孔子后学所撰,曾被荀子带至秦国。孔子十一世孙孔安国,搜集秦朝焚书后的各种版本,在西汉武帝元封时重新编辑成书。后又经历了一个很长的编纂、改动、增补过程,到三国时王肃从孔子后人孔猛那里得到此书,为之写序,并作了注解,成为现在流行的十卷四十四篇版本。

二、史料价值及研究情况

《孔子家语》在很长的历史阶段被疑为伪书,其史料价值未受到足够的重视。虽则如此,它仍流传不废。《四库全书总目》中说:"其书流传已久,且遗闻轶事,往往多见于其中。故自唐以来,知其伪而不能废也。"可见,即便认为是伪书,古人也并没有完全否定其价值。在伪书说占主流的局面被打破以后,其学术思想价值更为人们重视和肯定。

今人通过对该书的系统研究,多认为其具有如下几个方面的重要价值。首先,《家语》对孔子的记载比其他资料更为完整。《论语》虽然是研究孔子思想的第一手资料,但它篇幅短小,内容简略,不能表达孔子等人思想言行的全貌。而《家语》无论是在篇幅还是在内容上,都多出许多,它记载全面,又有孔子言行的具体情节,显然更能展现孔子的人品和思想。此书收录孔子的详尽生平事迹,以及当时事件的背景资料约二百六十多篇,更值得读者研习。例如孔子在鲁国做官,曾取得很好的政绩,使得社会环境和人民生活都有改善,很多人都不了解这件事,本书第一篇对此就有详细的记载。所以有研究者认为,《家语》从某种意义上讲,其价值甚至超过《论语》。①

其次,它保存了最原始和可靠的材料,具有重要的文献价值。通过将《家语》与传统文献比较,可以看出《家语》的资料较为原始。例如,《家语》中的《哀公问政》又见于《礼记·中庸》,将二者对勘,可发现《礼记·中庸》语言更为简练,应进行过修改、润色,这种改动明显带有西汉的历史印痕。如本篇中"举废邦"一句,在《礼记·中庸》中为"举废国",显然是避汉高祖刘邦的名讳。由此

---

① 杨朝明著:《儒家文献与早期儒学研究》(济南:齐鲁书社,二〇〇二年)。

可断定,《家语·哀公问政》成书年代早于《礼记·中庸》。① 由于该书保存了不少古书中的有关记载,这对考证上古遗文、校勘先秦两汉典籍,有重要价值。

三、主要思想内容

(一) 礼、乐、教、学

孔子生活在春秋末期,那是一个"礼崩乐坏"的时代,所以他致力于恢复周公制礼作乐的精神内涵,要让社会和谐,重回大同的理想。他一生坚持这种理想,从未放弃。我们通过分析本书的用字,可以约略看出孔子思想特点和理论方向。以书中十三个单字的使用数量为例:

"礼"三百三十二个,"道"二百二十个,"德"一百四十一个,"义"一百二十二个,"仁"一百一十八个,"乐"一百零七个,"教"九十三个,"学"七十八个,"智"五十六

---

① 王承略:《论〈孔子家语〉的真伪及其文献价值》,《烟台师范学院学报》,二〇〇一年第三期。

个,"忠"五十五个,"孝"五十三个,"勇"二十六个,"恕"十三个。

可以看出,"礼"字的用量为首,"乐"在中间第六位。礼可以作为道德哲学的命题,加以详细探讨,乐侧重于心理情绪。但礼乐教育作为基本的教育内容,除了教的工作外,也必须包括身体、行为的经验学习,更包含德育及哲学,可分为身教、家教、境教三大范畴。教的对立面是学。根据生命成长规律,教育阶段可分为小学、中学和大学的学校教育,然后是成人教育的终身学习。每个人出生之时都是一张空白的纸,必须接受教育,自己学习,再加以思索融会,才有知识和理性思辨的进步,所以每一个人都离不开教与学的过程。

古"礼"字即"豊"字,现在的"礼"字则是由"示""豊"两部分组成(禮)。"示"为表示,是原始祭祀的开始;上部分的"二"字,即古"上"字或天的意思;下部分"小"字三撇,即代表"日、月、星"三光下照,意味着上天的恩德照临大地,令人类有光明而赖以生存,故此人类祭祀以感恩。"豊"字下部分是"豆"字,为高脚器皿,用以盛载祭祀物品,古代以脚愈高,礼制规格愈高;上部分有如稻穗，或者是玉石或贝壳的串连，是部落社会最珍贵的礼物。

社会需要法律去管束人们的行为，但不能所有细节都写成条文，一切标准诉诸法律，则变成争讼字眼和法律的灰色地带。人们普遍接受的行为，就成为礼节，用来互相规范约束。但这只是礼表面的作用，礼的意义，更在于相互平等尊重，约束自己，也爱护别人，每个人有内化的克制能力，"克己复礼"才是其最高内涵。人与禽兽的分别，正是能够用礼尊重他人，自然恰当地展现自我的风采，举手投足的礼仪，回归内心的观照，能体验人类心性融贯于天地之间。

《孔子家语》提到"知礼"与"好礼"两个观念，书中分别有八处和六处加以论述。知礼是知识学习的过程，包括了解社会人群操作礼仪的方法，订立礼制的背景和原因，自己加以思辨和判断，不是盲目地依从，要在礼仪之中感悟礼的意义，思考礼的精神内涵，逐步向内心发展德性的修养。《颜回第十八》提到："子曰：'既能成人，而又加之以仁义礼乐，成人之行也，若乃穷神知礼，德之盛也。'"用尽全部精力来学习研究礼，必然能令德性修养加强。好礼是德行的表现，要完善礼的行为，一举手一投足，不能有失礼的地方。好好学习每一种礼节，然后将礼节推行和教导学生，化解人与人之间的矛盾，减少摩擦和争吵，维护社会和谐，都是好礼的重要表现。《曲礼子贡问第四十二》："孔子曰：'富而不好礼，殃也。'"一个人有了钱财，而不能以礼义待人，不单被人骂为财阀，更有可能被人绑架，招致杀身之祸。

音乐使人快乐，人类心中的快乐，有如一座音乐厅在演奏音乐，回旋萦绕，抑扬顿挫，手舞足蹈，轻松愉悦，令人回味无穷。孔子爱古琴，听韶乐，深知音乐陶冶性情的作用巨大。礼乐的教育就是动静的配搭，非常恰当，有静态的和谐礼序，有动态的舒畅乐韵，阴性的心境谦虚自信，互相尊重，阳性的体态抒情愉悦，共乐平等。用身体艺术作为语言，结合礼乐，表达心中的道德情操，是一种行为艺术，是德育的挥洒自如，确实是中华文化蕴涵深厚而独特的生命礼乐教育。

至于学，古字"學"与教"敎"非常相似，学由"手""爻""冖""子"组成，教由"爻""子""手"组成，共通之处是"爻""手"。"手"是老师的手或学生的手，或者是老师执学生的手，"爻"是卦爻，代表《易经》的数学，因为一划开天的数学符号和理论，从《易经》开始，而学习数学，就是开始理性思维，小孩子数一二三开始，知道有秩序有理性，有逻辑可以运算，令数学成为科学之母，终极是宇宙大道呈现出自然的方程式，最后是觉悟真理的所在。终身学习的重要性，是保持开放客观的态度，谦虚的精神，生命自我的善德修养。学以致用的第一步，就是自身的心性修炼，渴求真理，追求艺术的圆润，令生命花朵自然绽放，以至探索融和天地一体的大道，才是绚丽人生的乐趣所在，也是天人合一的无限境界。

(二) 政教合一

"大同"与"小康"都是孔子的理想天下，社会和谐，人民生活安宁幸福，是政治的基本目标。孔子在政治的实践上，已经在小范围内实现了这种理想，《相鲁第一》里，孔子为政，先制订礼节，然后改善社会的风气："制为养生送死之节，长幼异食，强弱异任，男女别涂，路无拾遗，器不雕伪。"在孔子眼中，政治不是争名夺利的场所，而是充分使用权力，为民众谋取利益，所以政治的核心便是"为政以德"。孔子形容君主和人民的关系是水和舟，《六本第十五》："舟非水不行，水入舟则没；君非民不治，民犯上则倾。"水能载舟又能覆舟，君主需要运用他的权力和魅力，说服人民接受政令，游说下属配合去执行。一位仁德君主，散发着领袖的善良正气，使所有人都能感受到他的威严，而君主在替人民祭祀祈福时，人民又能感觉到他是一位关爱自己的领导。孔子先行制订礼仪，让人与人之间互相恭敬，然后取得互信，下属可以坦然忠诚，上司可以宽厚对待，各人遵守工作本分，不贪心不奢华浪费，便没有盗贼和罪案。可以看出，孔子的政治理论并不深奥，而且与个人修养相结合。因而，政治就是教育，教人民各自修养，不论礼乐诗书，还是仁义道德，结果都是要让人修养成为有仁德的君子。君子必须"自强不息"，"穷则独善其身，达则兼善天下"，等到时机来临，便可以一展所长，利民济世。

（三）道、德、仁、义

有些道家人士认为孔子只讲仁义，而脱离了传统的大道思想，其实并非如此。在《孔子家语》一书中，所用"道""德"二字共三百六十一个，比"仁""义"二字二百四十个要多二分之一。孔子从来没有离"道"而谈"仁"，这在本书〔指中华书局（香港）有限公司出版的"新视野中华经典文库"之

《孔子家语》〕正文的导读与赏析中会一一细说。

"㐝"是古代"仁"字,有三种解释,一是"忎",二是上"身"下"心",三是上"人"下"心"。从个人的心,到千人的心,或者心身一体,都包含有内在的心性学问。《孔子家语》的对答之中,问及"仁"者有十九处,孔子的答复有两大类。《王言解》说"仁者莫大乎爱人";《哀公问政》说"仁者,人也"。心性的学问,是生命的真实经历,由自身出发,感通他人,因为人类平等人人相同,所以爱他人即是爱自己,人同此心,心同此理,此理是天理良心,这是儒家思想的重要个人修养,有了这个基础,才可以谈论群体的人伦关系,两者不能偏废,否则家庭与邦国的理想便不能建设。春秋战国时期,对身心或心性的辩证,已经有很多的讨论,如在《性自命出》这本书中,便有性由心生的说法,并非到宋明时代,才衍生出心性的学问。心是通往天地大道的途径,可知孔子论仁,确实有"推儒备道"的整体性,并没有离开宇宙大道,也没有离开个体生命而只谈人道。

"义(義)",字形上"羊"下"我",是善良的自我威仪,现代人多理解为正义、公义、侠义,是善良意志的坚守,甚至是侠义能力上的襄助。《孔子家语》中,《哀公问政》有孔子的回答:"义者,宜也,尊贤为大",善良的心,发动为外在行为时,必须要合宜,不能过分,尤其不能伤及他人。简而言之,便是以贤者的行义为参考导引,这是非常理智而实用的行为模式。人的冲动义愤,往往令人做错事,最终伤害自己,德行显示大道,仁慈的心性流露成为德行,而因仁心彰示见义勇为的行径,且有礼的规范使侠义的行为恰到好处,这便是道德行为显现、互相约制的最佳配合。

(四)忠孝智勇之道

先秦儒家的忠孝之道,并不是后世的愚忠愚孝和单方面的服从。要实践忠君爱国,君主必须是一位有道德的仁君,下属则尽职尽责,仁君忠臣互相结合。"智""仁""勇"是互为配合的思想和行动,以智为首,智慧和仁爱加以配合,才能达到正确的德行。孔子开创的儒家哲学,注重"孝"道思想,比道家的讨论更为深入,老子《道德经》只有两处提到"孝慈",孔子提倡人道为主的生命关怀,更贴近大众的感情,是人文主义的践行者,提醒人们不能放弃对生命的感恩,回报父母的大爱,必须通过践履孝道,才是对真正生命意义的体验。

忠孝不能两全，家国不能兼顾，虽然二者有产生矛盾的时候，但也绝非根本的对立。一切道德行为都要视乎细节以至当时环境条件，当事人根据具体情境做出最终的抉择，结果慢慢浮现，才明白该行为是否恰当。所以"当下是道"，自我修身即可，不要轻易去批评别人的道德，切忌自以为是，随意指责他人的道德，必须首先反思自己的道德水平。而且道德的高下亦不是判然分明的，孔子教导学生要从侧面和多角度去思索问题，提倡行为简朴才是修养品德的基础，平常日用之间即是大道的所在，不用强求。

（五）圣人楷模

如果读者再配合阅读孔子所撰写的《周易·系辞》，便会发觉孔圣人的哲学思维深度通天达地、宽厚宏博，令人赞叹。《孔子家语》比《论语》更全面地勾画出孔子的人物形象，丰富了圣人的面貌，使人了解孔子修身以礼、从政以德、待人以恕等多方面的生活态度。呈现在我们眼前的孔子，是一个至圣、至仁、至德、至博的圣者，品德修养已臻化境，挥洒自如，平凡当中显出伟大高明的德行，成为后人的道德楷模，人人跟随学习，必为圣贤君子。

此次，因参与编纂"新视野中华经典文库"之《孔子家语》导读、注译及评析的机缘，使我能够重新潜心投入书中，犹如站在圣贤的身旁，聆听他们一字一句的教诲和交谈，理解这些千古的德音，受益无穷。修身是先秦诸子共通的行为，道家后来深入发展为性命双修的气功系统，而孔、孟都没有离开身心合一的修养，后来的儒家发展出修身、齐家、治国、平天下的理想。孔子的修身，是哲理思想的学习与身体语言的礼义相结合，个人有修养并合宜地尊贤就是义，如果不懂适宜的尺度，也可按照习俗的仪规，这是退一步的礼义。孔子推行六艺教学：礼、乐、射、御、书、数，他本人文韬武略样样皆能，引导学生谨慎思辨，日后在人生大道之中，坚持道德仁义，"虽千万人吾往矣"，培育出的学生个个都是俊彦君子。所以三千弟子，人人以老师为傲，七十二贤各有杰出成就，人人感戴师恩。知识无涯，孔子每事都虚心发问，温故知新，自然博学多才。学思之后是实践，必须学以致用，灵活应世。先有"好学不倦"，然后是亲切的家语，谆谆的提点，在"诲人不厌"的工作中，以生命影响生命，永不言休地执教于杏坛，整理古籍，删掉诲淫的诗篇，以春秋笔法评判历史，被后人赞为："一支妙笔，战胜七雄五霸；几卷诗礼，流传亿万斯年"，成为"万世师表"。

以下简略列出孔子作为圣人的品格与成就：

（1）自强不息：虽然身为贵族之后，但因家道没落，幼年丧父，孔子在社会上身份低微，他仍然努力实践君子之道，自强不息，自我建构人生大道。

（2）终身学习：三岁失父，十七岁丧母，生活艰难困苦，始终为生命而奋进，十五岁立志于求学，成为终身学习的典范。

（3）礼行天下：三十岁学礼有成，齐景公访问鲁国，孔子与之会面，谈论天下大事，渐有名声而谨守礼让谦虚，从不骄傲自大。

（4）教学并进：三十多岁开始教学生涯，"学而不厌，诲人不倦"，教与学结合，是教学相长的模范。

（5）因材施教：能够体察人性，结合学生的不同性格和资质，加以恰当的辅导和启发，引导人格品德的完善学习和发展，使学生充分发挥自己的潜能。

（6）官绩卓越：做官时政绩显著，贼人闻风逃避，军事上当机立断，兵不血刃收回国土，显示出文韬武略，实行仁政和德政，创建富裕和谐的社会环境。

（7）删书订礼：述而不作，阻挡负面信息流通，不畏王权恶霸，公正地记录客观历史。

（8）身教化育：待人接物和颜悦色，令学生亲身受到感染和启发，增进知识和智慧，因而孔子去世后很多学生替他守墓三年，子贡更是守墓六年，古今所罕有。

（9）有教无类：教育学生无论富贵贫贱，皆用礼乐加以教化，诱发学生多元化兴趣，让学生亲身经历每一个学习过程。

（10）万世师表：行住坐卧，都产生教与学的人格魅力，日常生活中修身以礼、从政以德、待人以恕，处处散发人性光辉：至圣、至仁、至德、至博，成为圣者。

对于《孔子家语》以及孔子的教育思想，在今日"新视野"角度中，不妨加入西方的生命教育（The Holistic Curriculum）理念重新审视，希望从中找出一些具有启发性的智慧。另一方面，可以重新调整礼乐教育的形式，简化内涵，使现代人更易于接受（笔者曾被香港教育学院邀请，为"六艺五常"活动中的礼仪做统筹工作，既有朴素仿古的礼服，也有钟鼓的喧天动地，更以简化方式示显礼的精神内涵），令孔子思想古为今用，为下一代教育开辟新途，提供借鉴。孔子被尊为万世师表，成为教育工作者的楷模，以生命影响生命，孔子的哲理思想，更是被不同群体的人赞誉,成为友善人际关系、家庭和谐、世界大同的基石。完成"新视野中华经典文库"之《孔子家语》注评工作后,感慨良多,故不揣鄙陋,为之歌曰:

> 家语丝丝,温馨燕尔,
> 圣贤钧道,悠然坦荡。
> 学习终生,修身力行,
> 齐家治国,孝德仁义。
> 礼乐教化,育才维新,
> 君子雍穆,恭顺敬慎。
> 忠贞厚恕,信诚日月,
> 大同康庄,和谐体一。

《近思录》导读

宋儒的天道论与人道论

杨祖汉　台湾「中央大学」中文系教授

一、《近思录》的作者及成书

香港中华书局编选"新视野中华经典文库",用意是活化古代经典,让当代的华人,尤其是年轻朋友认识优美的传统文化,把古代中国人的智慧表现在当前的生活上,体现华人有其深厚的文化传统而与其他文化不同的特异处,这当然是非常有意义的文化事业。

《近思录》是南宋朱熹(一一三〇——二〇〇)邀约吕祖谦(一一三七——一一八一,东莱先生)共同编纂的,书名取自《论语》"切问而近思"之意。①朱子的序云:

> 淳熙乙未之夏,东莱吕伯恭来自东阳,过予寒泉精舍,留止旬日,相与读周子、程子、张子之书,叹其广大闳博,若无津涯,而惧夫初学者不知所入也。因共掇取其关于大体而切于日用者,以为此编,总六百二十二条,分十四卷。盖凡学者所以求端用力、处己治人之要,与夫辨异端、观圣贤之大略,皆粗见其梗

---

① 《论语·子张》:"博学而笃志,切问而近思,仁在其中矣。"

概，以为穷乡晚进有志于学而无明师良友以先后之者，诚得此而玩心焉，亦足以得其门而入矣。如此然后求诸四君子之全书，沉潜反复，优柔厌饫，以致其博而反诸约焉，则其宗庙之美、百官之富，庶乎其有以尽得之。若惮烦劳，安简便，以为取足于此而可，则非今日所以纂集此书之意也。

据此序可知，《近思录》是南宋孝宗淳熙二年（一一七五）夏天十天左右编成的。朱、吕二人会面，是因为吕祖谦有鉴于朱子与陆九渊（一一三九—一一九三，象山先生）二人学术见解不同，于是邀约双方见面论学，这便是有名的鹅湖之会（一一七五年六月）。朱、吕二人在会前见面，短时间便编出了影响后世非常深远的《近思录》。此时朱子四十六岁，思想见解已经成熟。[①] 对于北宋四子的学问见解，朱子年轻的时候就已经潜心苦读，从四十岁到编撰《近思录》的数年间，朱子对于周敦颐（一○一七—一○七三，濂溪先生）、张载（一○二○—一○七七，

---

① 朱子的思想见解得以成熟，是在他研讨中和问题的时候，也就是他提出中和旧说与新说的几年间，即三十七岁到四十岁的时候，而朱子在四十岁后的思想变化则不大。

横渠先生)、二程〔程颢(一○三二——一○八五)、程颐(一○三三——一一○七),即明道先生、伊川先生。以下简称四人为北宋四子〕的著作,作出精当的注释与讲解,并且作了严格的考订①。由于他对北宋四子的思想理解与文献搜集已经花了很多时间和工夫,所以可以在吕祖谦来访的短暂时间内,根据北宋四子的语录、文集等精选了六百多则,并作了系统的分类。此书虽然是朱子与吕祖谦共同编纂的,但朱子应该处于主导的地位,后世学者大体将《近思录》视为朱子个人编纂的作品,认为书中体现了朱子对于北宋四子的理解;然而,吕祖谦在此书的选材上也有相当的发言权,《朱子语类》有两条有关的记载,可说明此点:

一、近思录首卷难看。某所以与伯恭商量,教他做数语以载于后,正谓此也。若只读此,则道理孤单,如顿兵坚城之下;却不如语孟只是平铺说去,可以游心。(《朱子语类·论自注书》)

二、陈芝拜辞,先生赠以《近思录》,曰:

---

① 据王懋竑《朱子年谱》,朱子在乾道六年(一一七○)至淳熙二年(一一七五)的著作甚多,有关宋明理学的有《论孟精义》《西铭解义》《太极图说解》《通书解》,又编成《程氏外书》《伊洛渊源录》及《近思录》等。参考《近思录》(上海:上海世纪出版集团、上海古籍出版社,二○一三年)书中严佐之的《导读》。

"公事母,可检'干母之蛊'看,便自见得那道理。"因言:"《易传》自是成书,伯恭都摭来作闻范,今亦载在《近思录》。某本不喜他如此,然细点检来,段段皆是日用切近功夫而不可阙者,于学者甚有益。"(《朱子语类·训门人七》)

第一条是讨论《近思录》卷首有关道体的文字,朱子提出此卷义理深微,似乎开首便给了读者一个难关,不合于"切问而近思"的宗旨,于是他请吕祖谦为此作一些说明①,可见朱子对于吕祖谦在编纂

---

① 吕祖谦为《近思录》所作的序云:"《近思录》既成,或疑首卷阴阳变化性命之说,大抵非始学者之事,祖谦窃尝与闻次缉之意,后出晚进于义理之本原,虽未容骤语,苟茫然不识其梗概,则亦何所底止,列之篇端,特使知其名义,有所向望而已。至于余卷所载讲学之方,日用躬行之实,具有科级,循是而进,自卑升高,自近及远,庶几不失纂集之旨。若乃厌卑近而骛高远,躐等陵节,流于空虚,迄无所依据,则岂所谓近思者耶!览者宜详之。"大意是说:卷首所录的文字是有关宇宙生化的活动,以及生化的本体与人的道德实践的根据,所谓天道性命的问题,这是探讨一切的存在之根据与价值之根源问题的学问,义理很深奥,应该不是初学者能够明白的,但如果初学者不知道这种学问的终极目的所在,就容易迷失方向。故在《近思录》卷首先列出这些文字,让后学知所向往,也是必需的,但这并不是要初学者好高骛远。吕祖谦在文中有读《近思录》先用功于其他各卷,最后才读卷首之意,朱子也有此意(如云:"看《近思录》,若于第一卷未晓得,且从第二、第三卷看起。久久后看第一卷,则渐晓得。"见《朱子语类·论自注书》)。

本书中的地位是相当敬重的。第二条是有关程伊川的《周易程氏传》(简称《易程传》)的问题，从这条的记载可知，在编纂《近思录》时，朱子本来不主张选入《易程传》的一些文字，但由于吕祖谦坚持，朱子就不反对。文中言"段段皆是日用切近功夫而不可阙者"，可知不只有关"事母"一条。在《近思录》中有相当多《易程传》的原文，不只是上引有关家道的部分，很多卷也有。朱子对于《易程传》当然很肯定，就如上条所说的，但他也有作出批评，认为伊川此书是借《易经》的卦象来讲人事之理，并不符合《易经》的原意。或许《近思录》中收录了那么多《易程传》的文字，是出于吕祖谦的坚持。故对于《近思录》，仍须看作是朱、吕二人合编的著作。

此书为把北宋四子的重要言论与著作选为十四卷的专书①，十四卷中每一卷皆有一个独立的篇名，在《近思录》编成的时候，本来并没有加上篇名，后来的《近思录》注本则大都加上篇名，所加的篇名虽有不同，但大体差不多，都是根据《朱子语

---

① 一般都会把邵雍（康节先生）视为北宋重要儒者，与周、张、二程合称为北宋五子。而《近思录》则不收邵雍的文字，可见在朱子心目中，邵康节的学问见解并非儒学正宗。

类》中所载朱子有关《近思录》的一段话加上的，朱子说：

> 《近思录》逐篇纲目：（一）道体；（二）为学大要；（三）格物穷理；（四）存养；（五）改过迁善，克己复礼；（六）齐家之道；（七）出处、进退、辞受之义；（八）治国、平天下之道；（九）制度；（十）君子处事之方；（十一）教学之道；（十二）改过及人心疵病；（十三）异端之学；（十四）圣贤气象。（《朱子语类·论自注书》）

后来刻印的《近思录》，有些按照原书不列篇名，只在每卷卷首说明大意，如宋代叶采《近思录集解》[①]；有些直接采用朱子上文所说的纲目，如清代江永的《近思录集注》；有些把朱子所说的纲目加以

---

① 严佐之、程水龙认为叶采的《近思录集解》每卷都有篇名，除卷首与朱子所说者相同外，其他都有修改〔见《近思录·导读》（上海：上海世纪出版集团、上海古籍出版社，二〇一三年，页九）〕，但此说恐误。韩国翻印的叶采注本并无篇名，只在卷首以小字注解表达每卷的主旨〔《心经·近思录》（首尔：保景文化社，一九九五年）〕。如果叶采原来已有各卷的篇名，韩人翻刻时不可能把篇名去掉，有篇名的叶采《近思录集解》，篇名应是后来所加，并非原本。

简化，如清代张伯行的《近思录集解》。

二、《近思录》的内容思想

（一）《近思录》的"天人合一"思想

据朱子的说明，十四卷的《近思录》等于把北宋重要儒者的思想言论分成十四类。由于选择精要，分类严谨，此书可说是把北宋儒者的内圣外王的学问规模、重要见解做了系统性的铺排。《朱子语类》有两条云：

> 一、《近思录》好看。四子，六经之阶梯；《近思录》，四子之阶梯。（《朱子语类·论自注书》）
>
> 二、或问《近思录》。曰："且熟看《大学》了，即读语孟。《近思录》又难看。"（《朱子语类·论自注书》）

朱子认为《近思录》可以是四子书的阶梯，即是说读懂了《近思录》，就可以进一步了解《论语》《孟子》《大学》《中庸》的义理，这是朱子谦虚或推崇圣人的说法,①其实《近思录》所记载的宋儒义理,是四书的进一步发展,其内容涉及天人性命之道,并不像四书般平易近人,故上引第二条的《朱子语类》便有《近思录》比四书难看,学者读了四书才能读《近思录》之意。

关于先秦儒与宋明儒思想的异同,当代牟宗三先生有非常清楚的表达。②他说孔子的思想主要是践仁以知天,而仁与天在《论语》中的表达是有距离的,但宋儒则认为仁与天是"一"。孟子的主旨是尽心、知性以知天,心性天在孟子的表达中也是有距离的,而宋儒多认为心、性、天是"一"。《大学》"格物致知"之说,本意并不清楚,伊川、朱子则把它规定为即物以穷其理,这样理解就成为宋儒重要的实践工夫论。《中庸》言"天命之谓性",又有"至诚尽性"之说,天命与性在《中庸》中也未明言是"一",宋儒则认为天命即是性,天道流行,人、

---

① 有学者认为此条所说的四子是指周张二程,并非四子书,此说恐怕不对,因为说周张二程四子是六经的阶梯,并不恰当。而朱子的《论孟精义》完全是用周张二程的说法来解释《论语》《孟子》原文,而《四书集注》也大量引用周张二程的说法。故说《近思录》是四书的阶梯,在义理上说当然是可以的。

② 牟宗三:《心体与性体》(台北:正中书局,一九六八年),第一册,综论。

物都以天道为性，而圣人所表现出来的生命的真诚，就是天道在人生命中的表现，故"诚"也就是天道。从以上所说，可知宋儒的确能契接四书的思想主旨，而又作了进一步的发展。故此，对于朱子所指《近思录》是四子书的阶梯之说，应倒过来了解，即了解了四书之后，如果要进一步体会儒学义理，必须要读《近思录》。

宋儒义理的发展主要是认为人生命中所表现出来的道德心、道德之情与无条件为善的道德行为，所根据的固然是人的道德本性，但此性是与使一切存在能够存在，或说使一切存在能生生不已的天道，是同一的。此所谓天道性命相贯通。此说一方面使人的道德实践的活动具有天道生化的意义，另一方面为天道的生化提供了道德价值的说明。故此，人努力实践其道德本性时，就同时与宇宙的生化及一切的存在相感相通。既然人的道德本性就是使一切存在于能不已地存在的天道本身，故当人从事道德实践时，他的实践范围不能只限于人类，而一定要求"亲亲仁民爱物"，甚至认为成就了天地万物的存在才算是个人自己的完成。

"天道性命相贯通"之旨，张横渠有一段话表达得最为清楚，虽然《近思录》未有收录，但值得征引讨论，横渠说：

> 天所性者，通极于道，气之昏明不足以蔽之；天所命者，通极于性，遇之吉凶不足以戕之。（《正蒙·诚明篇》）

这段文字表示人需要以天道为性，而清浊厚薄的气性虽有不同，但气禀的不齐并不足以障蔽人所具有的天道之性。即是说，人应当努力突破现实生命的气性的限制，使自己有限的生命表现如天道般能生化一切、成就一切；另外，人又当以自己的道德本性所发之要求，即无条件的道德实践，作为上天给予人的命令，不管现实的遭遇是吉是凶，都不能违反这由本性所发的道德命令的要求。横渠此段话表现了非常强烈的要以人来合天的自我要求。以上所说，在张横渠的《西铭》也表达得非常清楚。至于"天人合一"这句著名的话，也是由张横渠正式提出来的。一般人可能不太清楚"天人合一"的意思，天是无穷无尽的，而天德的作用是对于往古来今一切的存在的。人如何能与天合一呢？如果从人的道德本性来说"天人合一"，按照宋儒的义理，人性的活动本来就是天道的呈现，二者本来是

"一",不需要说合,那就不需要说天人合一。故程明道曾批评张横渠,认为说"天人合一"是多了一个"合"字,天人本不二,不必言"合"。当然,张横渠所说的"天人合一",不是只就人德与天德或人性与天道相通或不二来说,他虽然预设了人性天道之不二,但他认为人必须要求自己努力不断地实践人道,希望自己如同天道生万物一般,对一切的存在负上道德的责任,即希望成就、善化一切的存在。故他说"惟大人为能尽其道,是故立必俱立,知必周知,爱必兼爱,成不独成"(《近思录·卷一道体》)。这样理解"天人合一",就是要求以自己有限的生命力量去做如同天地生万物般的无限工作。这便不只从人德(即天德)说,也从人的形体与天的形体的不同来说,既然人的形体与天的形体有所不同,那样"天人合一"便有意义了。当然,这里所说的"合"若从形体的不同来说,是不可能的,也可以说横渠言"天人合一"是明知天人有形体的重大区分,不可能合一,但仍要求人与天合一,这表达了横渠乃至全部宋儒所强烈表现出的理想主义精神。虽然人不可能做到如同天地般"体万物而不遗",但人必须要有这种自我要求。唐君毅先生就曾用"以人合天"来说明横渠的主要见解,他这个看法十分中肯，故横渠所说的"天人合一"并不只就天德与人德说，而是要连同人的形体与天的形体来说。天德与人德不二，故在人性中实现出来的虽然是有限的行为，但其精神意义与价值是与天道同样的无限。从人的形体上说，人固然渺小，不管如何努力都无法达到与天同等的地位，虽然天人在形体上存在悬殊的差异，但人不能因此而自限，应该顺着性体的无限的要求，做终生的成己成物的努力。这也可用牟宗三先生的"即有限而无限"之语来说明。如果有这样的了解，则横渠所说的"天人合一"，便表达了丰富而清楚的义理。

上说横渠强调"天人合一"，而明道则认为不必言合，二人的见解各有其精彩处，明道的思想见解表现了人可以在任何的人生活动上，当下表现出天道的生化一切的意义，天道的生化一切，虽然是无限的作用，但人呈现仁心时，也顿时可以表现与一切存在相感相通的意义，这就好比在人的具体生命中，表现了无限的天道，甚至这里不能分开人的道德实践与天的生化活动的不同，二者本来是同一回事，故明道说：

大小大事而只曰"诚之不可掩如此"。夫

彻上彻下，不过如此。……但得道在，不系今与后，己与人。(《近思录·卷一道体》)

这种天人一本、当下即是的体悟，可以使人有目前的片刻就是永恒的感受。理学家严于"存天理，去人欲"的工夫，常给人严肃、拘谨的印象，但从明道这些话看来，道德生活对于他们而言，是一种最高的生活享受。这种天人一本的体会，是从道德实践作为根据来说的，明道就有"立诚"及"识仁体"之说：

"修辞立其诚"，不可不子细理会。言能修省言辞，便是要立诚。若只是修饰言辞为心，只是为伪也。若修其言辞，正为立己之诚意，乃是体当自家"敬以直内，义以方外"之实事。道之浩浩，何处下手？惟立诚才有可居之处。有可居之处，则可以修业也。(《近思录·卷二为学》)

医书言手足痿痹为不仁，此言最善名状。仁者以天下万物为一体，莫非己也。……可以得仁之体。(《近思录·卷一道体》)

第一条说人在当下的语言谈论的活动中，就可以表现出生命的真诚，故"修辞立其诚"，并不是说要修饰说话时的言辞，而是要当下把真诚的生命通过言辞表现出来，这种立诚的工夫，随时随地都可以做，也就是随时随地都可以表现出"通内外人我而为一"的天道的活动。第二条，明道从中医的角度用不仁来说明手足的痿痹现象，让人体悟到所谓"仁"就是一种与一切人、一切物感通不隔的心情，固然有仁德之人会希望帮助需要帮助的人，但能实现帮助他人的事功，是仁心的功用；而仁心本身不能从功用上来衡量，必须从当下的感通不隔的心情上来体会。① 从上文所引横渠与明道的言论，可知宋儒对于先秦儒所说的义理，不止有进一步的发展，更有深刻、自然而活泼的体会与表达，这种体会与表达的方式，应该是受到中国化的佛学所影响。虽说受佛学影响，但宋儒表达的仍然是正宗的儒家义理。

（二）《近思录》与佛教思想

宋儒的思想义理本质上不同于佛教，不过它是

---

① 程明道的《识仁篇》对于仁体的形容更为有名，但朱子认为此段并非初学者可以体会的道理或可以用的修养工夫，故《近思录》不收录。

受到佛教思想的刺激才较先秦儒学有所发展，此可从宋儒的形而上学的见解与辨佛的言论看到。周濂溪后来被朱子视为宋儒开山之祖，原因可能是周濂溪的形而上学思想很扼要地表达出儒学的玄思，并且他可以根据儒学义理恰当地回应佛教的思想。周濂溪在《太极图说》（见《近思录》卷一道体）以阴阳五行说明了宇宙生化、成人成物的过程，提出了儒家式的宇宙生化说；而更重要的是，他认为宇宙的生化是以"立人极"为目的，即是说人能成为一个道德的存有，能无条件地为善，便是宇宙生化的目的。这是以儒家道德的创造来说明宇宙所以会存在，所以会有继续不断的生化活动的理由。这正正回应了佛教缘起无自性与生命起源于无明的观点。

从道德实践来看人生，则人生的存在及伦常的活动都表现出道德的价值，故有其真实性与合理性。如此便得出了不同于佛教的宇宙观与人生观，周濂溪在《通书》中所说的"元亨诚之通，利贞诚之复"，说明了人生，乃至一切存在虽然有生死的过程，但其实表现了价值上的"得其始"与"终极完成"的过程，而这始终的过程是"纯粹至善"的。周濂溪所做的宇宙论或本体论的理论，都是为了肯定人生乃至世界存在的价值。张横渠在这方面也有重要的贡献，他提出"太虚即气"的主张，又认为"聚亦吾体，散亦吾体"，除了表示上文所说的人应当尽其努力使天道生化一切的作用表现在我们有限的生命中之外，也表示道在阴阳气化中表现，气化并不就是道，但离了气化就不能表现道。由于道不离气化，所以从阴阳、五行及动静、屈伸、往来、始终等气化活动中便可以看出有妙道在其中，于是气化的存在及其活动，吾人不能不肯定。虽说道不离气化，而气化的活动本身就表现出道的意义，但气化活动并不足以完全地表达道的意义，即是说只是气化的阴阳往来、动静变化，并不足以完全表现道的意义。道的意义须从气化之上的形上道体来说明。此是说从阴阳五行的气化生成中，吾人固可以看出生化有其规律，但若只从气化规律看，并不能表现出道德的意义与价值。道德的价值必须从吾人对气化生成的体会上才可以看出，如气化有聚散，人的生命也有始终，但从人在从生到死的过程中，可努力实现出人道的价值。在这种努力实现价值的活动中就可以体会到，气化的聚或生命的开始存在，是价值的开始；而气化的散，或生命的终结，是价值的完成。从气化的散而又再聚，终而又始，是价值的得以生生不已，一切存在的存而又存，是为了道德价值的不断实现。这种透过气化的生成而表现出来的价值意义的不断实现，并不能只从气化生成的聚散往来的现象而完全地表现出来。如果人从气化的聚散往来看出价值的不断实现的意义，则一定需要在气化生成之外肯定一个超越的形而上的本体。如果不对此作出肯定，对于借气化表现出来的道德价值就不能有一个合理的说明，因为如果气化的生生不已只是阴阳往来的聚散，则气化的存在何以有道德价值的实现呢？这并不能充分说明其思想，因此，必须于气的活动之上肯定一个形上的气之本体。张横渠的"太虚即气"论，就是说超越的道体即于气化而表现，并非说太虚就是气，或只需在气化的往来、出入、动静变化中就可以说明万物生成的意义与价值。

张横渠说人要"大其心"，要"合天人"，这表现出人作为一个个体存在需要有理想的要求，此理想的要求不能从气得出说明。此一理想是吾人之性，此性出于天，而所谓出于天，并非出于阴阳气化。横渠所说的性是超越的，虽说是气之本体，但并不是气。横渠认为有气质之性与天地之性的区分，二程也有"性出于天，才禀于气"之说。道不离气，故对于世界及人的伦常生活须作出肯定，不能如佛教所说的以出离世间为理想。一切存在的存在意义都可以从人的道德实践中体会到，即一切的存在都有其真实的意义与价值，如为父当慈，为子当孝，当慈孝实践出来时，人便会体会到父子的存在虽然在气化的生成变化中是变化无常的，但却是真实的。这是从道德实践中得出的理的真实性，并对存在的真实性加以肯定。由此便反对"缘起性空"及一切法"唯识所变"之说。

以上简单说明了周、张、二程的形上学理论所含的辨佛的思想，由此可知宋儒为了回应佛教的思想，在儒学的理论上有所发展，其发展出来的理论亦对佛教的宇宙观与人生观作出了合理的回应。宋儒从佛学流行中国数百年的情况下，重新为儒学建立起作为中国思想的主流之地位，虽然它是回应佛学而有所发展，但义理的本质确实属于儒学，而非有些人所谓的"阳儒阴释"。

（三）《近思录》对人生及伦常关系的态度

以下，再说明宋儒对人生及伦常关系的态度。既然宋儒所说的道德本性即是天道，则此性应是绝对普遍的。既是绝对普遍的，则此性不能只限于人，即不只是人所有，而是天地万物都有此性，因为天地万物的存在也必以天道为存在的根据。因此，宋儒对于天地万物或往古来今的整体存在界，有"这一切的存在都是合理的"之肯定。这是由道德实践所给出的"希望成就一切人一切物"的要求，而产生了对一切存在的整体肯定的说法。这种对世界肯定的态度，表现了其与佛教不同的人生观与宇宙观。佛教以"缘起性空"为基本教义，对一切的存在不能有"一切存在本身有其固有的价值"，有其存在的真实根据之肯定，甚至对于人生的伦常之道也不能予以根本的肯定。固然佛教的圆教理论可以肯定一切众生、九法界的存在可以不改变其存在性相之不同，而同是"佛法身"或"佛法界"的内容，一个也可以不少，任何差别也可以不改，但这是以"三千法"都是佛法来作全面的肯定，而不是就"三千法"本身来肯定"三千法"，即不是认为"三千法"本身就有其固有的内在价值来肯定之。

至于宋儒则视伦常的人生为天理所在，这并不只是说伦常人生可以与佛法界不碍。据佛教的义理，"三千法"都是以空为性，所以都可以表现"佛法界"的意义，而伦常人生也不能外于缘起性空，故也可以表现佛道。这是以普遍的空（空理甚至可以说是绝对普遍之理，如吕澂所说空是虚的共相）来涵盖伦常人生。儒家肯定伦常人生并不是此义，而是认为伦常人生的每一种表现都呈现了只有这些表现才可以有的道德价值。如父子有亲，一旦在父母儿女的关系活动中表现了亲爱，则父子的关系就表现了其本身当有的意义与价值。道德的价值固然能够在人生的各种伦常关系中表现，但每一关系中所表现的德，是只有此关系才能够表现的，即是说父子之亲这种"亲"的价值，只有在父母儿女的关系中才能表现出来，是有其特殊性的，我们不能抹杀父子这一伦，说父子之情也可以表现在别的关系里。固然在别的关系中可以有类似于父子之情的表现，如老师对学生，师生可以相视如父子，但父子之亲情自有其真切处，非别的伦常关系表现的感情可以完全地取代。其他的夫妻、兄弟、朋友甚至是君臣关系所表现出来的情感，也是如此，各有其本身具有的特殊意义，非其他的伦常关系可以取代。（按现代少子化的家庭趋势来说，兄弟姊妹这一伦可能会没有了，这对于人生而言可能是一种大缺憾，兄弟姊妹之情不同于父子、夫妻与朋友。好像基督教的一个说法：兄弟是为了你有事情的时候存在。即是说，平常没事的时候，兄弟姊妹可以好久不见面，但你一旦发生危难，兄弟姊妹便会马上来到，与你分担苦难。《诗经》所说的"兄弟阋于墙，外御其务（侮）"也表达了此义。由此可见兄弟姊妹之情也自有其真切处，并非其他伦常人生之情可以取代。）

宋儒对于五伦的肯定，可以用"理一分殊"来说，即虽然伦常中表现的是普遍的道德之理，但此普遍的理是通过特殊的存在来表现的，此中普遍与特殊二义都需要肯定，不能说由于要追求绝对普遍的理，便牺牲自己特殊的伦常关系。有关此义，陆象山与友人在辩论时已表达得非常清楚，用现代的话来表示，象山认为虽然佛教也有"上报四恩"之说（即主张要报答父母的恩情），但报恩并不是成佛的必要条件，而成佛也不是以当孝子为条件。故要成佛，出家为易。但依儒家的说法，圣人一定得是一个孝子，如果有亲在堂而不孝，则绝对不能成为圣人，即是说从孝道可以成就圣人，人而不孝一定于德性有亏，儒家之最高的理想人格，所谓圣人，是要通过孝悌之道实践完成的。① 故伊川为其兄程明道写的《行状》有说："知尽性至命，必本于孝弟；

---

① 陆九渊：《与王顺伯》，《陆九渊集·卷二》（北京：中华书局，二〇〇八年）。

穷神知化，由通于礼乐。"(《近思录·卷十四圣贤》)说明圣人之道要以实践孝道为基本，宋儒所说的天道或宋儒义理中的道德的形而上学，所谓的天道，是需要连同在伦常人生中所体会到的无论如何都不能舍弃的亲情或友情来说的。天道固然是普遍的理，但此理也是人间的至情，情与理在此处不能强作区分。虽然程伊川有"性中只有仁义礼智四者，几曾有孝弟来"之说，这是他要从理契入，以理来定住人的生命，从而引发道德意识，而不要因为情绪的变化而扰乱理的普遍性之义，伊川作此区分固然有道理，但也容易引起误会。对于在伦常中表现的特殊之理，或理在伦常关系中所表现的特殊面貌，伊川是肯定的，他曾经用"理一分殊"来为张横渠的《西铭》辩解，他的学生杨时（龟山，一〇五三——一一三五）曾认为《西铭》要求人以天地之道作自己的父母，要对一切人一切物都有民胞物与的心怀，这有点像墨家兼爱之说，不合孟子对墨家的批评。伊川则认为横渠虽表达了万物一体的仁心，但并不抹杀人间伦常关系的种种特殊的规定，如君臣、父子、长兄与其他兄弟的分别，人生中可能有种种不同的情况，面对不同的关系而回应的态度不同，伊川认为横渠的《西铭》是有保留的。伊川此一分辨非常正确。

有关此义，程明道则说："天地生物，各无不足之理。常思天下君臣、父子、兄弟、夫妇，有多少不尽分处。"(《近思录·卷一道体》) 明道从天地万物都有天道作为其存在根据，故天地万物的存在都本身有其不可取代的价值。所谓各无不足之理，即每一特殊的存在都有其本身自足之理，每一存在或每一关系都有它不可取代的自足价值，故不能为了某一个关系而牺牲另一关系，不能说我可以移孝作忠，或我为了实现对人类的大爱而牺牲对家庭的小爱。每一重关系，都有其不可取代之处。当然我们不能在同一时间做尽应做的事情，故每一个人真切反省起来，都有应做而做不尽的责任，此处明道"有多少不尽分处"之叹，说得十分真切。所以会不尽分，一方面是有限的人在特定的时空中不能做完该做的伦常责任；另一方面，即使我们现在只做伦常中的某一事情，或尽的是某一种伦常之道，也做不完该做的事情。谁能把人生关系中本来具备的"无不足"的道理、价值完全实现出来呢？人越反省便越觉得惭愧。

从以上所述可知，宋儒所体会的伦常之道，是在对于人生的道德之理做充其极的了解，知道此理是天地之道，而又回来对人生的伦常做根本的肯定。由于有这一回环往复的体会，故天道与人道是分不开的，即是说宋儒所说的天道，是以他们对伦常人道的体会作根据，而他们所体认的人道也以天道的绝对普遍作背景。故天道固然伟大，人道也绝对不小；人道固然具体而真实，而天道也绝非抽象的道理。

以上所说的，都是北宋儒者的共同见解，朱子选编《近思录》除收录了许多表达上述之见解的文献外，对于程伊川的文字选录尤多，而伊川的见解以"涵养须用敬，进学在致知"二句表达得最为扼要。[①] 伊川（也可包含明道）对人的"天命之性"与"气性相即"的情况体会甚深，由于人出生后性与气不能相离，故人虽然有普遍的相通的道德之性，但也不能不受气性的参差不齐所限制，于是人必须通过后天的工夫努力，才能把人本具的道德本性实践出来，这是宋儒强调工夫论或修养论的缘故，这也是宋儒比先秦儒义理更进一步的地方。周濂溪的"知几""主静"已经是很深切的内圣工夫，张横

---

① 见《近思录·卷二为学》，这里标明是明道语，但这两句话最能代表程伊川的思想见解。

渠强调"变化气质",程明道主张"当下立诚",都表示了人可以呈现本有的道德本性,并以此作为根源的动力,转化现实生命的不合理,程伊川则强调在"涵养"与"致知"两方面作工夫,主敬涵养使人的生命平静清明,致知以穷理使人通过对于道德性理的逐步了解,而产生依性理而实践的动力,伊川的说法与周、张、明道三人稍有不同,但也是儒学以成德之教为本质的重要修养工夫。伊川之说为朱子所承继,朱子尤为看重"格物致知",因此《近思录》选取了很多这部分的内容,在相关的重要段落中,我也做了一些发挥,希望能适当地说明伊川、朱子此一主理或重理的系统义理。

三、《近思录》成书后的影响

由于《近思录》是朱子主编的,而朱子在南宋以后的地位日益崇高,故《近思录》也非常受到重视,成为南宋以后到清朝士子必读之书。在韩国、日本、越南也流传很广,成为东亚儒学界重要的典籍,各种刻本、注解本很多。在当代,此书虽然不复清朝以前的地位,但也是公认的研究宋明理学必读之书。当代史学家钱穆先生甚至认为,《近思录》是中国人必读的九本经典之一。名学者陈荣捷先生首先把此书翻译成英文,也成为西方学者研究中国宋明理学的重要参考书。此书以分类的方式精选北宋四子的重要言论,很有系统地表达了北宋儒者的重要见解,由于此书之普遍流行,使得宋明理学的基本观念得到广大认同,此书的重要言论、格言也构成了中国民间对于修己治人及家庭伦常的生活基本观念,对于涵养中国人的文化意识、道德意识起了很大的作用。

由于此书只编选了北宋四子的言论及著作,缺少了朱子的部分,清儒江永把朱子有关的重要言论、文字,以注解的方式放在《近思录》相关的各条文字之下,于是也等于按照《近思录》的分类方式,选编了朱子的言论。《近思录》之后有多种续编的著作,如清儒张伯行有《续近思录》《广近思录》等。《续近思录》是依《近思录》的分类方式来选编朱子的重要言论,选择也颇为精要。《广近思录》则选编朱子以外从南宋到明,与朱子亲近的师友或朱子系学者如:张栻、吕祖谦、黄榦、罗钦顺等的有关言论,也颇有参考价值。当然,朱子与吕祖谦编选《近思录》是以朱子思想见解为主,来选录北宋儒者的著述，朱子的见解最接近程伊川，他承继伊川的思想而发展。伊川朱子一系的思想并不足以涵盖宋明儒的全体思想，故《近思录》只能视为从朱子系的思想角度来选录北宋儒者的文献，应该是不够全面的。例如，程明道的《识仁篇》非常有名，也是在明道思想中非常重要的文献，而《近思录》却不收。此中的分辨需要看当代学者的研究，如牟宗三先生的《心体与性体》。牟先生对伊川朱子的思想作出详细的衡定，认为并不同于周濂溪、张横渠、程明道的思想，也并非孔孟思想的全义。牟先生此说虽然精辟，也论证紧密，但可能还有作进一步思考的空间。我在本书〔指中华书局（香港）有限公司出版的"新视野中华经典文库"之《近思录》〕有关伊川的文献的点评中，也作了一些讨论。我认为伊川所说的从"常知"进到"真知"之说，即是认为人对道德法则是本有所知的，但必须根据本知而进一步深切了解，才可以依照道德法则而给出真实的道德实践。即从小孩都知道的老虎的可怕，进到谈虎色变的田夫，如此的真知道德之理，才能真正做到见善必为，见恶必改。人也必须正视现实生命的不纯粹的事实，而切实作对治意念的工夫。即人容易受到感性欲望的牵引，而不肯按道德之理而为所应为，故必须持敬涵养，以闲邪存诚，而这种工夫可以使本有的善性从内而外透显出来。故我认为求真知性理的格物致知的工夫，与面对现实生命的不稳定而做的涵养持敬，对于要使自己成为有德者，是相当有效的做法。这一部分的内容在《近思录》中是非常多的，很可以为现代人从事德性的修养给出参考。如果可以使这一传统的实践智慧活化，而成为现代中国人道德修养的工夫，应该是很有意义的事。

四、余论

朱子与吕祖谦编《近思录》时，对于所选的本文并未加上注解，虽然他们有系统地区分为十四卷，但原来并未加上篇名，这可能因为他们认为所选的文献都是宋儒的精粹，人们可以单就所选的文献原文来体会，不必先看有关的注释，以避免先入为主。故读《近思录》最符合原编选者的心意的读法，应该是直接就文本加以往复诵读，然后在自己的思想言行中切实体会，而不必求助于古今的注解。此外，《近思录》所选的文字以"语录"为多，文字相对浅显，本来不必多作注解；但从另一角度看，这些表面较为浅显的文字，由于是说理之言，宋儒要表达的义理又是相当精深的，对于其中的含义，就不能不讲解。是故本书除了为《近思录》的原文作注解与语译外，又有不少释义，其中尤以前数卷为多，这释义的部分应该是本书与其他《近思录》的注解不同的地方。本书也参考了比较重要的《近思录》的注本，但对义理的说明，多是出于自己的理解，参考时人之注处，并不太多。所参考过的有关著作，如下列：

（一）朱熹、吕祖谦编，叶采集解，严佐之导读，程水龙整理：《近思录》（上海：上海世纪出版集团、上海古籍出版社，二〇一〇年）。

（二）朱熹编，张伯行集解：《近思录》（台北：台湾商务印书馆，一九九六年）。

（三）程水龙：《〈近思录〉集校集注集评》（上海：上海古籍出版社，二〇一二年）。

（四）古清美：《〈近思录〉今注今译》（台北：台湾商务印书馆，二〇〇〇年）。

（五）陈荣捷：《〈近思录〉详注集评》（台北：台湾学生书局，一九九二年）。

（六）张京华：《新译〈近思录〉》（台北：三民书

局,二〇〇五年)。

(七)黄寿祺、张善文:《周易译注》(上海:上海古籍出版社,一九八九年)。

本书由我与许惠敏博士共同编写,惠敏的硕士与博士论文都是由我指导的,她对宋明理学潜心研究十多年,很有个人体会。我与她先讨论好要选录哪些篇章,然后由许博士作注译的工作,至于全书导读、各卷前的导读及前面几卷的赏析与点评多是由我执笔。前三卷的内容义理比较曲折而精深,其中的译注我也费了颇多工夫来订正。我所指导的"中央大学"博士生吕铭崴、连育平,也帮忙撰写了部分的注译,"中央大学"人文中心的刘学伦博士,也多次帮我誊打文稿。非常感谢他们,没有他们的帮忙,本书可能更会拖延一段时间。

麟趾贻休图

《传习录》导读

阳明学的传世经典

复旦大学哲学学院教授、博士生导师

吴震

在中国传统文化史上，有许多传诵不绝的思想经典，如《论语》《孟子》都是大家耳熟能详的，而《传习录》也无疑是儒学史上的一部重要经典，十六世纪王阳明（一四七二——一五二九）的心学思想（又称"阳明学"）便凝缩在这部经典当中。其中含有王阳明经由整个生命体验而创发的丰富且重要的哲学智慧，例如阳明学的标志性口号——"致良知"便是王阳明"从百死千难中得来"的，而不是从书斋的经验知识中归纳出来的，而"致良知"与"心即理""知行合一""万物一体"等观点不仅是阳明学的智慧结晶、重要理论，而且业已构成儒学传统中最富代表性的内容之一。

也正由此，阅读《传习录》既是了解王阳明心学理论，同时也是了解儒家思想文化传统的一个重要途径，当然也是我们今天提倡重读儒家经典、重访儒学传统的一项重要议题。

一、阳明学乃是儒学史上的一大理论高峰

在宋代以来中国近世儒学史上，阳明学与十二世纪朱熹（一一三〇——一二〇〇）开创的朱子学并

列，形成朱熹理学与阳明心学的两大理论高峰，共同构建了孔孟以来第二期儒学运动，史称宋明道学或宋明"新儒学"（Neo-Confucianism）。如果说两者同样作为儒学理论，因而在儒家价值观等根本问题上秉持着相同的信仰及其追求，那么在如何成就自己德性的具体问题上，心学与理学所设定的方法路径却显出重大差异。

大致说来，朱熹理学设定世界是由理气所构成的，理既是物质世界的所以然之故，同时又是人文世界的所当然之则，它代表整个世界的价值、秩序及规范，而气则是一切存在的物质性基础，人生亦不免受理气两重性的影响。因此，一方面理在心中，心具众理，心具有统合性情的能力，而这种能力之所以可能的依据则是心中之理；但是另一方面，人心乃至人性又是禀受阴阳两气而生，不仅构成人性中的气质成分，而且也是人心之能知觉的基础，故人又非常容易受到气质蠢动的影响，例如人们往往容易被物质利欲所牵引，从而导致人心或人性偏离正轨，迷失方向。

因此按朱熹理学的一套工夫论设想，我们唯有通过格物致知、居敬穷理——即通过学习而明白事理——等方法来不断改变自己的气质，克服人心中的私欲倾向，以打通由气的介在而使心与理之间产生的隔阂，并最终实现心与理一的道德境界。这一为学路径可简化为：由"道问学"上达至"尊德性"的实现，无疑属于儒学传统固有的一种为学模式。

然而阳明心学的核心关怀不在理气论而在心性论，其基本预设是"心即理"，可谓是心学"第一哲学命题"，其核心观念则是"良知"。良知是人的基本德性，是人心之本体，同时也就是天理，故良知心体乃是一切存在的本源，人的良知赋予世界以意义，若没有人的良知，则整个世界的存在就无法呈现其价值和意义。关于这一点，阳明用一连串的强言式命题——"心外无物""心外无理""心外无事"等来加以表述，而这些看似违背常识的说法，其实正是阳明学第一命题"心即理"的另一种表达方式，其意旨则是相同的，都旨在表明心与理不仅是一种相即不离的关系，更是直接同一的关系。

按阳明心学的理论预设，心性理气自然打通为一，心即理、心即性、性即气三种说法可以同时成立。更重要的是，心与理并非是相悖之二元存在而是直接的自我同一，也就是说，作为理的价值秩序、道德规范不是外在性的而是直接源自道德主体。

那么，何谓道德主体呢？按阳明的设想，良知便是道德主体——用阳明的说法,又叫作"主人翁"或"头脑",即良知作为一种直接的道德意识,同时又是直接的道德判断之主体,能"自作主宰",故又是作为"躯壳的主宰"或"意之主"的"真己"——最为真实之存在的自己。而作为直接的道德判断之主体的良知必具有自知自觉的根本能力,"如人饮水,冷暖自知"一般,更无须倚傍他人或凭借他力,只要一念萌发,内在良知即刻启动,便自能知是知非,一切善恶更是瞒他不得。关于良知自知的这一特性,阳明又称之为"独知",他有两句著名的诗句生动地表达了这一观念:"良知即是独知时","自家痛痒自家知"。正是基于良知自知或独知的理念,故道德行为的是非善恶最终唯有依赖于良知自知的判断,而无须诉诸外在的种种人为设置的规范,换言之,外在的社会规范终须经过一番心体良知的审视才能有助于道德行为,而道德行为得以施展的内在动力却在于心体良知而不是为了服从外在规范。

为什么这样说呢?因为良知就是唯一的"自家准则"。由此在德行的方法问题上,阳明学主张只要依此良知主体去做,并随时随地在事事物物上落实致吾心之良知的实践工夫,最终便可实现成德之理想——用儒家的说法,就是成圣成贤的道德理想人格之实现，用我们现在的说法，就是成为一个有道德的人，使自己过上一种好的道德生活。

二、阳明学是对儒学思想传统的传承与创新

无疑地，阳明学以良知为人的基本德性，自有深厚的儒学思想传统之渊源可寻。早在先秦原始儒家，与德行问题并重的乃是德性问题，《尚书》中"明德"之概念便是德性之意，而儒学史上脍炙人口的《大学》"明明德"之说，亦显是指德性而言。更重要的是，阳明心学乃是对儒学思想传统的传承与创新。

事实上，王阳明对于儒学传统在于"心学"这一问题是有充分自觉意识的，他曾明确断言"圣人之学，心学也"，并指出宋代以来被道学家所抉发的尧舜禹授受的"十六字心诀"中的"人心""道心"说，乃是儒家的"心学之源"。落实在儒学历史上，阳明认为孟子之学便是心学之典范，而在宋代儒学史上第一次提出"心即理"之命题的陆九渊（一一三九——一一九三）之学堪称"孟氏之学也"，阳明自己则表示他是陆学的接续者，在陆九渊与朱

熹之间发生的朱陆之辩中，阳明也明显袒护前者，甚至撰述《朱子晚年定论》一书（该书在多种《传习录》单刻本中被作为附录所收），表示朱熹晚年自悔早年之说，其为学旨趣开始趋近于陆九渊，尽管这部书所收的文献并不尽是朱熹晚年之作。故就思想史的史实看，所谓的"朱子晚年定论"是不无疑问的。

然而在心学意义上的道统历史当中，王阳明并不承认朱熹有接续道统的资格，相反他认为由陆九渊上溯至程明道（一〇三二——〇八五）进而推至先秦孔孟的儒学传统，才是儒家心学的道统谱系。至于阳明自己在儒家道统上的地位，其弟子如薛侃（一四八六——一五四五）便已直言阳明之学乃"孟氏之学"，将阳明直接定位在孟子之后，凸显出阳明心学的重要历史意义。的确，在阳明看来，孟子之后，道统失传，在此后的历史发展中，究竟谁能上承儒学之道统，其判准唯在"心学"而不能是朱熹所谓的"理学"。

要之，阳明对朱熹理学抱持一种自觉的批判意识，以为朱熹所主张的穷尽"一草一木"之理，其结果必引发一个问题："如何反来诚得自家意？"这构成了阳明的重要问题意识。另一方面，阳明对于陆九渊的心学思想虽有基本肯定，但也有不满，认为陆学比起周程（周敦颐、程明道）仍有所"不逮"，在学问上不免"粗些"。因此我们说，阳明学并不是陆九渊心学思想的简单重复。

的确，从历史上看，王阳明与陆九渊、程明道、孟子之间固然存在重要的承续关系，然而在理论形态上，显然阳明的心学理论更有超越陆九渊、程明道的一面，在上承孔孟尤其是孟子心学的同时，又有新的理论创发，从而形成以心即理、致良知、知行合一等一套系统观点为特色的儒家心学理论新高峰。

三、王阳明的身世及《传习录》的结构

那么，《传习录》究竟是一部怎样的经典呢？我们先从人物介绍说起，进而对《传习录》的结构略作解说。

王阳明名守仁，字伯安，别号阳明，浙江绍兴府余姚县（今浙江余姚市）人，世称阳明先生。弘治十二年（一四九九）进士，历刑部主事等职，官至南京兵部尚书、都察院左都御史。嘉靖六年（一五二七）九月，阳明起复出征广西，次年十一月

二十九日（一五二九年一月九日）卒于归途中的江西南安（今大余县），故《传习录》的记录实止于嘉靖六年九月。嘉靖初，因平乱有功而被封为新建伯，隆庆元年（一五六七）追赠新建侯，谥文成，万历十二年（一五八四）从祀孔庙。

王阳明的著作有《王文成公全书》三十八卷，今存隆庆六年（一五七二）谢廷杰刻本，后被《四部丛刊》初编所收，现在通行的标点本《王阳明全集（新编本）》六册即以此为底本。《全书》开首三卷即《传习录》，分为上、中、下三卷。

从书名看，"传习"两字取自《论语》"传不习乎"一语，按朱熹的解释，"传"谓"受之于师"，"习"谓"熟之于己"，大意是说，师生传授学问。其实《传习录》乃是阳明与其弟子之间的对话记录，是阳明与其弟子在长达十余年间，就儒学等各种思想问题进行对话的"实录"，大多出自其弟子之手，显示出阳明与其弟子的思想互动。在文献学上，这类文本又被称为"语录体"，乃是儒学史上常见的著述形式，例如《论语》及《朱子语类》便分别是孔子及朱熹与其弟子的对话录。

《传习录》上、中、下三卷分别代表《传习录》成书的三个时期，上卷刊刻于正德十三年

（一五一八）八月，中卷刊刻于嘉靖三年（一五二四）十月，下卷刊刻于嘉靖三十五年（一五五六）四月。按照陈荣捷《王阳明传习录详注集评》（下称《集评》）的条目统计，上卷共一百二十九条，其中徐爱录十四条，陆澄录八十条，薛侃录三十五条。徐爱（一四八七——一五一七）为阳明弟子及其妹婿，正德七年（一五一二）底，阳明与徐爱由南京同舟归越，途中论学不辍，上卷十四条之记当始自是年，其中有关"心即理""知行合一"的问题探讨是其重点。陆澄（生卒年不详）及薛侃的记录则反映了正德九年（一五一四）至正德十三年（一五一八）之间的阳明思想。

《传习录》中卷是阳明弟子、绍兴府知府南大吉（一四八七——一五四一）在上卷的基础上，新增九篇（《全书》本称八篇）阳明给门生或友人的书信，与上卷合并，于嘉靖三年刻行，又称"续刻传习录"以别于正德十三年的"初刻传习录"，只是《全书》本的《传习录》中卷后经阳明另一大弟子钱德洪（一四九六——一五七四）的增删，已非南本旧貌，彼此间颇有出入，并新增《示弟立志说》《训蒙大意》两篇附于末。王阳明曾亲见这部"续刻传习录"，并且表示该书的出版对于"共明此学于天下"将会起到一定之助益，这表明阳明自己是很看重这部书的，尽管他未看到下卷的出版。

《传习录》下卷共收一百四十二条，记录者有陈九川、黄直、黄修易、黄省曾、黄以方等阳明弟子，记录的时间大致在正德十四年（一五一九）至嘉靖六年（一五二七）之间。该内容主要反映了阳明晚年的思想观点，特别是"致良知""万物一体"以及逝世前一年提出的"四句教"最为著名。

将上述三卷合并，收入《王文成公全书》之际，又将王阳明撰于正德年间的《朱子晚年定论》（刊刻于正德十三年）附于卷下之末，这是今天所能看到的《传习录》全本，至此《传习录》的结构最终形成。

总之，《传习录》一书共由三百四十二条组成（取陈荣捷《集评》之说），大致反映了阳明三十七岁"龙场悟道"之后的思想成熟期——即四十一岁至五十六岁之间的思想观点，其中四十九岁那年（一五二〇）阳明揭示的"致良知"说，则是阳明晚年思想的一个标志。

佛经

《心经》导读

空而不空的人生大智慧

伦敦大学亚非学院佛学博士，
南京大学教授

净因法师

《心经》的全称是《般若波罗密多心经》，简称《般若心经》，全篇以二百六十字简明地概括了大乘般若经的核心内容，高度浓缩了大乘般若思想的精华与心要，含摄了佛陀"空"观智慧的精髓，所以被称为《心经》，是篇幅最小、内涵最丰富、意蕴最深、流传最广、被人持诵讲解最多的大乘经典，更被儒、释、道三教共尊为宝典，对宗教、社会大众乃至中国文化影响至深。在宗教修持方面，《心经》是佛门弟子每天必诵的功课之一，可见该经对学佛者的重要性与影响；在当今文化艺术领域，《心经》被一字不动地谱成流行歌曲，空灵圣洁的天籁之音，传入千家万户，成为港澳台最具吸引力的流行歌曲之一，可见该经在现代社会中仍然具有巨大的影响；在书法艺术方面，东晋王羲之、唐欧阳询和张旭、宋苏东坡、元赵孟頫、明董其昌、清刘墉和乾隆、民国的弘一和于右任、现代赵朴初和饶宗颐等无数书法名家皆选择《心经》进行书法创作，留下墨宝，可见《心经》在历代文人雅士心中的分量；在古典文献探究方面，钱锺书先生把《心经》看成是佛经中第一要经，是每位传统文化爱好者必读的经典。

一、《心经》的版本与注疏

自三国以来,《心经》先后共有二十多个译本,其中最具代表性的十八种译本收集在方广锠先生所编的《般若心经译注集成》中,而保存在《大正新修大藏经》中的译本有七个(见表一)。其中以唐代玄奘三藏法师的译本流传最广,为本导读〔指中华书局(香港)有限公司出版的"新视野中华经典文库"之《心经·金刚经》之《心经》导读〕所采用。

表一:《大正藏》中《心经》的七个译本

经名	译者
《摩诃般若波罗密大明咒》	姚秦·鸠摩罗什
《般若波罗密多心经》	唐·玄奘
《普遍智藏般若波罗密多心经》	唐·摩竭陀国三藏法月
《般若波罗密多心经》	唐·般若共利言等
《般若波罗密多心经》	唐·智慧轮
《圣佛母般若波罗密多经》	宋·施护
《般若波罗密多心经》(敦煌石室本)	法成

另外《心经》还有梵文、藏文、蒙古文、满文、西夏文、英文、德文和日文等译本存世。至于本经注疏,自古以来更是多达百余家,流传至今的仍超

过八十种，收集在《卍续藏经》中的注疏也多达五十九种，现代许多大德、学者都讲过《心经》，其魅力与日俱增，是当今中国人不可不读的一部安心宝典。

二、《心经》的基本内容

自古以来，《心经》被人们看成是最难懂的佛典之一，经中佛陀所讲的"空"观智慧，更是抽象而深奥，难解难信。《心经》从人空、法空、空无所得、空而不空四方面阐释般若"空"慧，引导人们悟入空有不二的中道实相，从根本上破除人们的一切执着，以安众人之心。

（一）人空

在《心经》中，佛陀运用分析法，从如下四方面引导人们了知"无我"的道理，了知生命的本质。
1. "观自在菩萨，行深般若波罗密多时，照见五蕴皆空，度一切苦厄。"佛陀在《心经》一开始便明确告诫人们，人生的一切苦厄皆源自"我执"。佛陀运用五蕴（五蕴是指构成我们身心的五种要素——

色、受、想、行、识)皆空的理论,对生命当下的存在进行理性的观察和分析后,得知人是由物质现象(色)和精神现象(受、想、行、识)组合而成,是众缘假合之身,根本无法找出一个永恒不变的"我",因而我即是空,以此来破除我执,达到解除众生苦难的目的。2. 佛陀运用十二处、十八界(眼、耳、鼻、舌、身、意为六根,色、声、香、味、触、法为六尘,眼识、耳识、鼻识、舌识、身识、意识为六识。六根和六尘为十二处,六根、六尘和六识为十八界)的教义,从人们认识世界的过程来分析生命的现象:只有当被认知对象(外部世界,统称六尘)与知觉器官(统称六根)和认知能力(意识,统称六识)三者相接触时,人类认识事物的过程才能完成。换而言之,从认知的主体——人,乃至被认知的对象——宇宙万有,都是由种种元素和合而成,没有一件事物是固定不变的,包括人本身,故说"无我"。3. 佛陀接着运用十二因缘(无明、行、识、名色、六入、触、受、爱、取、有、生、老死)的教义,从生命现象的延续性来分析人生的本质。人生苦难的根源是过去世的业力(无明、行),引发现世的苦果(识、名色、六入、触、受);而现在的所作所为(爱、取、有),又是产生未来苦果

（生、老死）的因。人生就是在这种因果循环中使得生命得以延续，故说"无我"。4.最后，佛陀通过对四圣谛（苦、集、灭、道）的分析，从因果关系来分析人生痛苦之因是贪、嗔、痴等不健康的思维，而人生成功幸福之因是一个人的正确行为、清净语言、健康思维和正确的生活方式，无须依靠超自然的力量。换而言之，生命不是一个永恒不变的实体，而是如同奔流不息的河流，在因果循环规律之下无限延续，故说"无我"。这是《心经》中悟空的第一层含义。

（二）法空

为了帮助人们除去"我执"，获得无我时"看透放下"的人生，佛陀讲解了各种各样的法门（如五蕴、十二处、十八界、十二因缘和四圣谛等），义理精妙，极为有效。不少人在去除我执之后，又执着于佛陀所说的法为实有，是放之于四海而皆准的真理。这又成了另一种执着——法执，扰乱了人们的心智，佛教称之为"所知障"，同样是烦恼的根源。《心经》以一个"无"字提醒人们，破除我执时所运用的种种法门，如同帮助人渡河的木筏，我执一旦去除，人们由烦恼的此岸抵达解脱的彼岸，就不应再执着于所使用的法（见表二），如此才能真正达到无牵无挂的境界。破除对理论、观点和见解的法执，这是《心经》中悟空的第二层含义。

表二：破除法执

《心经》相关经文	所破除的法执	破我执的特色
（1）是故空中无色，无受想行识	（1）"五蕴"空	从生命当下存在的组合来分析人的存在
（2）无眼耳鼻舌身意，无色声香味触法 （3）无眼界，乃至无意识界	（2）"十二处"空 （3）"十八界"空	从人们认识世界的过程来分析生命的现象
（4）无无明，亦无无明尽，乃至无老死，亦无老死尽	（4）"十二因缘"空	从生命现象的延续性来分析人的存在
（5）无苦集灭道	（5）"四谛"空	从因果关系来分析生命苦乐的现象

（三）空无所得

一位年轻人问老禅师："什么是中道实相？"禅师要求他把眼睛蒙起来，行走在一条小道上，道路两边都是水沟。当禅师看到这位年轻人偏离正道，快要掉进左边的水沟时，及时提醒他："向右。"一会儿这位年轻人又偏离正道，快要掉进右边的水沟时，禅师及时地提醒他:"向左。"老禅师就这样一会儿教他向左,一会儿教他向右。最后这位年轻人终于不耐烦地问:"你到底要我向左,还是向右行?"老禅师笑呵呵地说:"向左向右并不重要,最重要的是我要你回到正道上来。"年轻人恍然大悟,明白了什么是真正的中道实相。

《中观》说:"大乘说空法,为离诸见故,若复见于空,诸佛所不化。"众生执"有"时,佛陀说"空";众生执"空"时,佛陀说"有"。"空"和"有"皆是除病的药方,药到病除后,则应舍药方。同理,般若智慧如同治病的药方,根治"空""有"等概念名相的执着,尤其是执着"空"为实有(即空见),一旦能进入"空也空"的境界,邪见已除,般若智慧便完成其任务,理应放下,故说"无智"。更重要的是,所谓阿罗汉、菩萨等果位仅仅是悟空的过程,如同我们接受教育时所得的不同文凭,看似有所得,其实仅仅是一个人修道过程中智慧开发到某一程度的方便说词,并没有一个真实的阿罗汉、菩萨果供我们去获得,故说"无得"。去掉得失心,才能真正心无挂碍。连空的概念也应空去,"空无所得",是《心经》中悟空的第三层含义。

(四)空而不空

一提起"空",人们自然联想起"零",即"什么也没有"。然而,如果我们在100后加一个"0",那么加上的这个"0"就代表900。显然,"零"并不一定代表什么都没有。有趣的是,这个"零"字的印度原文就是"空"字,"空"就是"零"。古人也曾说过,"万物生于有,有生于无",无就是空。换而言之,"空"并不一定是"有"的对立面,更不是一无所有。《心经》最后一部分所阐述的是如何做到理论与实践相结合,知行合一,体悟"空"观智慧的妙用,将之运用到现实人生中,以因缘变化的观点看待人、事、物,就能克服、超越一切苦恼和困厄,达到"心无挂碍"的最高精神境界,安心而自在地普度众生,这是《心经》中悟空的第四层含义。

《心经》层层深入,彻底破除"我执""法执""空执",悟入"空有不二"的中道实相,以般若智慧看"空"自我、宇宙万有,摆脱束缚身心灵的一切执着与束缚,获得彻底的精神解脱,达到"治心"的目的,"无所住而生其心","心无挂碍"地服务大众,这是《心经》的核心内容。

三、《心经》的现代意义与价值

《西游记》中的唐僧，西行取经路上，步步有灾，处处有难，性命危在旦夕，幸得神通广大的孙悟空保护，历时十四年，经过九九八十一难，终于从佛祖的家乡——天竺，取得真经。人们公认孙悟空是一个神通广大的精灵，因有七十二种变化和一个筋斗能飞十万八千里的本领，上天堂、入地狱，来去自如，手持如意金箍棒，配上一双火眼金睛，除妖惩恶，随心所欲，无所不能。那么，孙悟空的"法力"来自何处？答案就在他的名字"悟空"中。宋代禅宗大师青原惟信以参禅的三重境界来阐释悟空的三个层面：第一，参禅之初，看山是山，看水是水；第二，禅有悟时，看山不是山，看水不是水；第三，大彻大悟时，看山仍然是山，看水仍然是水。山水依然，但随悟道者"有我""无我"和"忘我"之深入，对客观世界的认识也随之而改变，最终获得心无挂碍的人生。

（一）"有我"时"患得患失"的人生

《西游记》的灵魂人物孙悟空因神通广大而心高气傲，自我无限膨胀，一闹龙宫，二闹地府，三闹天宫,最终被如来佛祖压在五行山下五百多年。《心经》指出,修行之前,世人和孙悟空一样,误以为"我"为实有,世间的名、利、美貌等都是真实不虚的,"看山是山,看水是水",处处执着;有执着,便有挂碍;有挂碍,便会患得患失,不安、恐怖之心随之而起:放不下对自己不公平的人和事,憎恨心生起,使人活在不平、痛苦与挫折感中;放不下自己的失误、失败,悔恨心生起,令人活在阴影中;放不下自己的成功与荣耀,贡高我慢之心冒起,使人在自满中逐渐衰退;放不下自己喜爱的东西,贪爱之心生起,于是便想方设法,甚至不择手段、损人利己、尔虞我诈去得到或保卫自己喜欢的东西,从而引起家庭、公司、社会间的种种纠纷与冲突,使得人间到处充满险恶、纷争和不平,使得身处其中的人烦恼重重、痛苦不堪;放不下自己的意见、观点、主张和理论,固执己见之心生起,让那些居心叵测之徒有机可乘,以各种借口挑起争端,使无数无辜的生命受到伤害!这些苦难,正是《心经》所要解决的问题,即"度一切苦厄"。

(二)"无我"时"看透放下"的人生

在一般人看来,《西游记》中的唐僧是位标准的无用好人，但他有一样本领，只要念观音菩萨密授的紧箍咒，神通广大的孙悟空便随声倒地，头痛欲裂，不得不跪地求饶。紧箍咒为何有如此大的威力？它的内容到底是什么？据史料记载，一天玄奘法师在取经途中，看到一个身患传染病的老者，长了一身癞，正在呻吟，他停下来照顾这位病人。病人为了感谢他，就送他一本梵文的《心经》。从此之后，玄奘大师路上一遇到困难，就念《心经》，一路消灾免难。由此我们不难推断，紧箍咒的内容其实就是《心经》的核心要义——悟空。

《金刚经》云："一切有为法，如梦幻泡影，如露亦如电，应作如是观。"这首偈语告诉人们，人生如梦，苦乐如泡影，成败如朝露，荣华富贵如浮云，名利如镜花水月，宇宙间万事万物瞬息变幻，无时无刻不在变化。若能领悟到一切万法的本质都是空无自性，执无可执，看自我、苦乐、名利、美色时便能达到"看山不是山，看水不是水"的境界，获得看透放下、潇洒自在的人生。

（三）忘我时"心无挂碍"的人生

《心经》以"空"来破除人们对自我、身外之物和各种理论的执着，然而佛陀说"空"之本意，不是否定宇宙万有的存在，不是"虚无主义"，而是为了破除人们的执着。换而言之，"忘我"不是否定自我的存在，而是领悟自他不二的关系，就能摆正自己与他人之间的关系。如同把自己看成是一块盐，放入水中后，"盐"不是没有了，而是融于水中；同理，一个人若能将自己融于大众，便能领悟自他不二之妙用，泯除人我的对立。如此人们便不再执着于是非人我，不再执着于自己的观点、见解，超越相对、相待、差别相，入不二法门，以随缘的心态去做有益之事，山依然是山，水依然是水，只是山水的形色早已了然于心。

六尊者像（局部）

《金刚经》导读

无住生心

伦敦大学亚非学院佛学博士,
南京大学教授

净因法师

敦煌莫高窟发现的《金刚经》，是迄今所知世界上最早的有明确刊印日期的印刷品，印刷于唐咸通九年（八六八）。一九〇七年被英国人斯坦因盗取，曾藏于英国伦敦大英博物馆，现藏于大英图书馆。《金刚经》为当今世界上最为人熟知的大乘般若经典之一。自古以来，有人爱其文字之优美，而去读诵；有人喜其哲理丰富，而进行研读；至于那些禅修者，更视《金刚经》为修心的指南、开悟的钥匙，六祖惠能就是因为听到这部经中"应无所住而生其心"一句而开悟；宋代，出家人的考试，有《金刚经》一科；明代，太祖朱元璋把《金刚经》列为"治心三经"①之一，《金刚经》的治心功能广为人们所接受；而民间一般信徒也不甘落后，他们以读诵《金刚经》为日常功课，并从中得到灵感、保佑。《金刚经》因而成为一部家喻户晓的佛教宝典。

一、《金刚经》的版本与注疏

东晋道安在《鼻奈耶序》中说："经流秦地，有

---

① 另外两部经是《心经》和《楞伽经》。

自来矣……以斯邦人庄老教行，与方等经兼忘相似，故因风易行也。"（T24.851a11-14，此为引用经卷序列号。T代表《大正新修大藏经》，X代表《卍新纂续藏经》。下同）道安描述了佛教在东汉末年传入中国时的情形。小乘禅法和大乘般若经典，是中国最初的一批汉译佛典。随着时间的流逝，小乘禅法逐渐衰微，而大乘般若思想最终成为中国佛教的主流思想，原因固然很多，般若思想依附玄学得以广泛传播，则是其关键的借力点。魏晋时期，玄学盛行。般若学者以般若经教去比附玄学，用老庄的概念阐释般若思想，外来的般若学说因而与玄学思潮交汇在一起，在玄学者与般若学者的互相吸收和质难中而广为流播，形成了般若学研究浪潮，出现般若学弘扬史上的辉煌时期。这可从般若系思想最重要的经典——《金刚经》翻译得到佐证。从晋朝的罗什三藏法师到唐朝的义净三藏法师，短短三百年之间，这部经在中国出现了六种译本（见表一），其中鸠摩罗什于姚秦弘始四年（四〇二）译出的《金刚般若波罗密经》，语言简练、流畅，内容忠实程度高，成为最流行的版本，为本导读〔指中华书局（香港）有限公司出版的"新视野中华经典文库"之《心经·金刚经》之《金刚经》导读〕所采用。

表一:《金刚经》主要译本

朝代	译者	经名	出处
姚秦（四〇二）	鸠摩罗什	《金刚般若波罗密经》	T8.748c–752c
北魏	菩提流支	《金刚般若波罗密经》	T8.752c13–757a T8.757a25–761c
南朝	真谛	《金刚般若波罗密经》	T8.762a–766b
隋	达摩笈多	《金刚能断般若波罗密经》	T8.766c–771c
唐	玄奘	《能断金刚般若波罗密多经》	T7.980a–985c
唐（七〇二）	义净	《佛说能断金刚般若波罗密多经》	T8.771c–775b

另外,《金刚经》有藏文、满文译本等,和阗、粟特等文字的译本也在中国吐鲁番等地出土,而原始的《金刚经》梵文本在中国、日本、巴基斯坦、中亚等地都有发现,此经传入西方后曾被译成多种文字。一八三七年修弥笃根据藏译首次译成德文,一八八一年F.马克斯·缪勒将汉文、日文及藏文译本加以校订,译成英文,收入《东方圣书》第四十九卷。一九五七年爱德华·康芝又再次译成英

文，收入《罗马东方丛书》第八卷。达尔杜根根据梵文并对照中国满文译本，译为法文。日本宇井伯寿、中村元等曾多次译成日文。

《金刚经》一问世，在印度就受到了广泛的重视，无数佛学大家为之作注疏，其中以无著的《金刚般若论》（T25.757a–766a28）、天亲的《金刚般若波罗密经论》（T25.781b–797a）、施功德的《金刚般若波罗密经破取著不坏假名论》（T25.887a–897b），尤为精到。中国从东晋、隋唐、元明清，各家为《金刚经》作注疏者不下数百家，收于《卍续藏经》就有四十三种，其中僧肇的《金刚经注》（X24.95a14–405b03）、智顗《金刚般若经疏》（T33.75a–84a）、释德清《金刚决疑》（X25.57a08–70c19），各具精义。

进入近现代后，对《金刚经》的讲解、译注、导读更是不计其数。其中印顺的分科、江味农的考据、德林的禅解尤有特色。也许是《金刚经》在义理上本已深奥难明，层次上又错综复杂，而现有对该经的导读、讲义，有的因分科太细，令人迷失；有的因注解、考据太烦琐，令人无所适从；有的因望文解义，使人难以对该经的宗旨有一个整体的把握。有鉴于此，我们试图从现代人的思维模式出发，以深入浅出的手法，解读该经，期盼读者对《金刚经》的般若妙理有所了解。

二、《金刚经》的基本内容

多年来，弟子们跟随佛陀学习"十二缘起"，了知无明是生死的根本；学习"四圣谛"，了知离苦的方法；学习"五蕴皆空"，了知"无我"的道理。弟子们重在追求自身的解脱，获得自在快乐的人生。佛陀还进一步阐释空有不二的般若法门，破除我执、法执、空执，以便引导弟子们发起救度苦难众生之心（即发菩提心），走上成佛的大道。弟子们初次接触般若法门，生起无数疑惑：若无我，到底谁在修行？谁去证圣果？若无佛，天天向大众讲法的又是谁？拜佛何用？若无法，三藏十二部的经文又是什么？若无福德，修善何用？发菩提心，广度众生，才能成佛，然而，苦难众生太多，有的极其难度，何时才能度尽？弟子们时刻被这些问题所困扰，无法安心修行。佛陀以般若正观的思辨模式讲解《金刚经》，化解弟子们心中的疑虑。

般若正观的思辨模式有别于唯物辩证法，我

们可从赵朴初与毛泽东的一段对话中略窥一斑。一九五八年六月三十日，赵朴初陪同毛泽东主席会见外宾前，主席问："你们佛教有没有这么一个公式啊：赵朴初即非赵朴初，是名赵朴初？"赵朴初答道："是有这么个公式。"主席说："这就很奇怪了，首先是肯定后来又否定，先肯定后否定。"赵朴初答道："不是先肯定后否定，而是同时肯定，同时否定。"话说到这里，外宾到了，对话被迫中断。

赵朴初在《诗歌及其与佛教关系漫谈》一书中如实地记录了以上对话，表明毛泽东熟读《金刚经》后，试图从否定之否定规律来解理"佛说××""即非××""是名××"这一《金刚经》典型的"般若正观之思辨模式"时，觉得妙则妙矣，似乎言犹未尽，故有此一问。因为唯物辩证法认为，一切事物都是对立、统一的矛盾集合体（肯定），矛盾的双方相互作用而引发事物的变化，从量变到质变（否定），而有新生事物的出现（否定之否定）。很显然，否定之否定规律强调的是事物的自我否定，即在否定"旧"的赵朴初的基础之上，承认有一个真实存在的"新"赵朴初。而《金刚经》中"××者，即非××，是名××"的般若正观之思辨模式，与以上否定之否定思辨模式略有不同，可以简单概括为

"现象→非本体→是实相"。(见表二)

表二：般若正观的思辨模式

种类	思辨模式	注
辩证逻辑	正→反→合	正面，反面，正、反合说
双遣否定法	肯定→否定→肯定	是→不是→才是
缘起性空的思辨模式	假有→非有→真有	真空妙有
中道实相的思辨模式	有→空→中道	现象→非本体→是实相

《金刚经》中最典型的句子有："如来说微尘，即非微尘，是名微尘。""如来说世界，即非世界，是名世界。""如来说一合相，即非一合相，是名一合相。""佛说般若波罗密，即非般若波罗密，是名般若波罗密。""所言善法者，如来说即非善法，是名善法。""所言一切法者，即非一切法，是名一切法。""说法者，无法可说，是名说法。""如来说三十二相，即非三十二相，是名三十二相。""众生，众生者，如来说非众生，是名众生。"

我们用最后一句对般若正观的思辨模式稍作诠释。当物质元素（色）和精神元素（受、想、行、识）和合在一起时，众生相便显现出来，这就是人们熟悉的众生相概念（众生者）；众缘和合的众生相，没有固定不变的实体，是假有，所以"如来说非众生"；如同无常性的水一样，在特定的条件下有如下不同的表现形态：雨、雪、霜、雾、冰、波浪、水蒸气……同理，正因为众生无定性，才会如同水一样，依据各自的业力，轮回于六道，一旦被教化，精进努力，由凡夫转变成声闻、缘觉、菩萨，最终大彻大悟，成佛作祖。正如《华严经》云："心、佛、众生，三无差别。"如此理解，才算真正了解众生相的本义（是名众生）。

由以上分析可知，《金刚经》中"××者，即非××，是名××"的般若正观之思辨模式是：以自性"空"提醒人们不应执着于缘起的"有"，有而非有；以缘起的"有"说明自性的"空"，空而不空，空有不二，无住生心，从而建立起中道正观。正如《中论》云，"因缘所生法，我说即是空，亦为是假名，亦是中道义。"这就是般若正观之思辨模式，是进入《金刚经》般若法门的金钥匙。

在《金刚经》第一部分（法会因由分第一至能净业障分第十六）中，佛陀以般若正观之思辨模式透视现象世界万有以及化法、化处、化主等名言概念，皆因缘所生，虚幻不实，因而得出"凡所有相，皆是虚妄"的结论（即非××）。一个人若能"于相离相"，妄执的心便能得到降伏。正如《六祖坛经》云:"善知识!外离一切相,名为无相。能离于相,即法体清净。"

《金刚经》第二部分(究竟无我分第十七至福智无比分第二十四)在"外离一切相"的基础之上,从心入手,破除世人对"能得""所得"的执着心。如同对一个学生来说,通过努力学习,获得了好的成绩,自然会生起我能得到好成绩的"能得"与"所得"之心。同样,菩萨在修道的过程中自然会得法、证果、度众,并能召感好的果报。然而,若有人因此而认为菩萨的"能得"为实有,心便会住于"能得"的执着中,成为修道的障碍。因此,《金刚经·究竟无我分第十七》从得法不住、得果不住、度众不住、依报不住四方面说明菩萨在修道的过程中虽能得,心却不住于"能得"。与此同时,菩萨修成正果后,确有所得,如所观的妙智、所得的福德、所感的报身、所悟的妙法、所度的众生、所证的果位和所修的善法。若有人因此而认为诸佛菩萨的"所得"为实有,心便住于"所得"的执着中,是修道的另一种障碍。《金刚经》自一体同观分第十八到净心行善分第二十三,从如下七方面说明佛陀虽有所得,但心不住于"所得":正报非真,随缘度众;无福之福,其福甚大;相无定相,身相具足；无说而说，法音遍满；度无可度，自性自度；得无可得，无上菩提；作无可作，无上善法。无论是"能得"，还是"所得"，皆随因缘而变化，并无一个固定不变的"能得""所得"（即非××），因而说能而不能，不能而能；得而不得，不得而得，能、所不住，于念离念，内心便不会受身外之物的污染。正如《六祖坛经》云，"若见一切法，心不染著，是为无念。"

外界的现象与名相、内心的能得与所得被破除后（非有），有些弟子执着于无我相、无人相、无众生相、无寿者相、无福德、无佛、无法等说空的名相为真实不虚的妙理，堕入断灭空。针对这种不正确的知见，佛陀在《金刚经》第三部分（化无所化分第二十五至知见不生分第三十一）以"无所住而生其心"破除弟子们的迷执，破邪即是显正，树立正知正见："离相"并非"断灭"，否定万物的存在以及名相的功能，而是如实了知世间一切现象的缘起存在（非空）；不执着于能得、所得，并非否定能得、所得，而是于相"不取""不住"，悟入离于空有二边的中道实相（是名××），这才是认识世间一切现象的正确知见，"无住生心"，以便更好地帮助苦难众生。

三、《金刚经》的现代意义与价值

> 修福不修慧，象身挂璎珞；
> 修慧不修福，罗汉托空钵。
>
> ——《龙舒增广净土文》

这首偈颂源于兄弟俩不同的修行。哥哥每天精进持戒，打坐参禅，无心随众劳动、布施；而弟弟则是勤劳工作，布施济众，广修福德，却无心闻法参禅。后来哥哥去世后转世为佛陀的弟子，修得了罗汉道。而弟弟却投生到大象群中，因在战争中立下功劳，被封为象王，金银珠宝装饰全身，过着舒适奢华的生活。而修成罗汉的哥哥活得十分辛苦。一次国内饥荒，衣衫褴褛的哥哥，托钵七日，都是空钵而回。当饥寒交迫的罗汉哥哥看到富贵无比的大象弟弟时，无限感慨地说出以上偈颂。福慧双修，是《金刚经》的心要，对当今世人仍具有很大的现实意义。

人生的幸福，事业的成功，都离不开福慧双修。现实生活中有不少怀才不遇的人，聪明能干，但为人过于精明而不肯吃亏，修慧不修福，善缘难具足，做起事来往往无人相助，障碍重重。修福的方法很多，及时施出一个微笑、一种关怀，或助他人一臂之力，都是修福的范畴。而在众多修福中，以布施财物最直接、最具有代表性。所以《金刚经》常以"满三千大千世界七宝以用布施"来形容福德之大，"若人满三千大千世界七宝，以用布施，是人所得福德宁为多不？须菩提言：甚多，世尊。"（T8.749b19-20）一个人若能用一颗无私、真诚、随喜的心广结善缘，做对社会大众有利之事，利益无量众生，自然可获得无限的善果，无论你做何事，都有人相助，无论你走到哪里，也都有人照应。这一切都是自己种善因而得来的福德果报。《佛说阿弥陀经》中也把修福德看成是往生极乐国土的必要条件，"不可以少善根、福德、因缘得生彼国。"（T12.347b10）

从另一方面讲，修福不修慧，福中也造罪。生活中有一些含着金汤匙出世的人，生来福报就很大，但因从小娇生惯养、不思上进，恣意纵情地挥霍祖上挣来的家业。这些人迟早都会使自己陷入困境，落得个败家子的名声。这都是有福无慧的恶果。正因为如此，佛陀在《金刚经》中特别强调智慧的重要性，"若有人以满无量阿僧祇世界七宝，持用布施，若有善男子、善女人，发菩提心者，持于此经,乃至四句偈等,受持、读诵,为人演说,其福胜彼。"(T8.752b24–27)接着《金刚经》以如下偈颂对佛陀的智慧作总结:"一切有为法,如梦幻泡影,如露亦如电,应作如是观。"这首偈语告诉我们,人生如梦,苦乐如泡影,成败如朝露,荣华富贵如浮云,名利如镜花水月,宇宙间万事万物瞬息变幻,无时无刻不在变化。一个人若能领悟到一切万法的本质皆缘生缘灭,看透自我、苦乐、名利、美色等世间万物之心便会生起,这样就能逐渐明白凡事不必过于执着,应以随缘的心态做事:顺境时珍惜眼前所有,以良好的机缘去成就事业,活出幸福的人生;逆境时,则坦然地去面对、承受、化解人生中的各种困苦,笑对人生,活得轻松、自在。如此,无论顺逆境,一个人都能坦然面对世间的悲欢离合、炎凉冷热,超越成败、荣辱和得失,甚至是生死。

"福德"与"智慧"犹如鸟之双翼、车之双轮,缺一不可。外修福以利他,内修慧以自利,福慧双修,方能修得"万德庄严、智慧如海"的圆满佛果。同样,日常生活中,只要我们福慧双修,以此来庄严我们的人生,事业必有所成,人生必有坦途。

《佛说阿弥陀经》导读

有信念的地方就有奇迹存在

净因法师

伦敦大学亚非学院佛学博士，
南京大学教授

家长会上，幼儿园的老师如实告知一位学生的母亲："你的儿子表现很差。"痛心不安的母亲却强装开心地对儿子说："老师表扬你了，因为你是全班最有进步的宝宝。"孩子上小学时，老师又对这位母亲说："这次数学考试，你儿子成绩全班倒数第二名。我们怀疑他智力上有障碍。"心酸焦虑的母亲却对儿子说："老师说你并不是个笨孩子，只要努力，一定会进步。"说这话时，她发现，儿子暗淡的眼神一下子亮了。孩子上了初中，老师有些忧虑地说："按你儿子现在的成绩，考重点高中有点危险。"这位母亲怀着惊喜的心情走出校门口，非常开心地对儿子说："班主任对你非常满意，他说了，只要你努力，很有希望考上重点高中。"

高中毕业了，儿子把一封清华大学招生办公室的特快专递交到妈妈的手里，突然转身跑到自己房间大哭起来，他边哭边说："妈妈，我一直都知道我不是个聪明的孩子，是您……"是的，母亲相信儿子，儿子相信母亲，是信心创造了奇迹！

信则有，不信则无。信与不信，都是一种潜意识，而信的意识就像是通灵的钥匙，能打开成功之门。西方极乐世界又何尝不是如此，信则往生，不信则一无所获。《佛说阿弥陀经》就是帮助人们建立信心,打开西方极乐世界的大门。

一、《佛说阿弥陀经》的版本与注疏

该经全称为《称赞不可思议功德一切诸佛所护念经》,有三种汉译本(见表一)。玄奘将之简化为《称赞净土佛摄受经》,力求准确直白,确保原来面目;求那跋陀罗将之译为《佛说小无量寿经》,表明该经内容大致与《佛说无量寿经》相同,只是内容比较简洁;鸠摩罗什则译为《佛说阿弥陀经》,以阿弥陀名号为本经之题,直指持名念佛、往生极乐之要旨。在三种汉译本中,鸠摩罗什译本精要流畅,流通最广,为本书〔指中华书局(香港)有限公司出版的"新视野中华经典文库"之《净土三经》〕所采用。

表一:《佛说阿弥陀经》三种汉译本

译经年代	译者	经名	出处与注释
姚秦	鸠摩罗什(三四四—四一三)	《佛说阿弥陀经》	T12.346b28-348b18
刘宋	求那跋陀罗(三九四—四六八)	《佛说小无量寿经》	已失传
唐	玄奘(六〇二—六六四)	《称赞净土佛摄受经》	T12.348b25-351b19

近代因牛津大学刊行梵本《佛说阿弥陀经》，日本遂掀起研究之热潮，如藤波一如著有《和英支鲜四国语译梵文阿弥陀经》、荻原云来著有《梵藏和英合璧净土三部经》[①]，及木村秀雄著有《小阿弥陀经》。西夏译本收藏在俄罗斯科学院东方文献研究所[②]，而藏文版《圣大乘乐有庄严经》译于八世纪。

古往今来，对该经的注疏极多，最著名的中文本注疏有十三种，以明朝莲池的《阿弥陀经疏钞》、幽溪的《阿弥陀经略解圆中钞》和蕅益的《阿弥陀经要解》最为精要。印光大师评论说："《弥陀》一经，得此三疏，法无不备，机无不收。"

二、《佛说阿弥陀经》的基本内容

佛陀在舍卫国祇树给孤独园讲述《阿弥陀经》，大致包含三方面内容：依正妙果以启信、执持名号以立行和诸佛赞叹劝发愿。

---

① 荻原云来:《梵藏和英合璧净土三部经》(《净土宗全书》)，页一九三一二一二。日本净土宗典刊行会编纂。
② 孙伯君:《〈佛说阿弥陀经〉的西夏译本》,《西夏研究》，二〇一一年一月，页二三一三二。

《维摩诘所说经》云:"先以欲钩牵,后令入佛道。"(T14.550b7)面对功利心重的众生,《佛说阿弥陀经》第一部分从"果"入手,向人们描述了极乐净土依报、正报庄严。"依报"指极乐国土理想的生存环境,物质极大丰富,各取所需,四季如春,气候宜人,风光旖旎,是人人向往的世外桃源;"正报"指我们自身相好光明,身心清净,言语优雅,寿命无量,令人生起信心,心甘情愿地往生到那儿。

《佛说阿弥陀经》第二部分说明往生到西方极乐世界的方法并不复杂,持名念佛即可往生,"善男子,善女人,闻说阿弥陀佛,执持名号,若一日、若二日、若三日、若四日、若五日、若六日、若七日,一心不乱,其人临命终时,阿弥陀佛与诸圣众现在其前,是人终时,心不颠倒,即得往生阿弥陀佛极乐国土"。

《佛说阿弥陀经》第三部分描述东、南、西、北、下、上六方世界恒河沙数诸佛,"各于其国,出广长舌相,遍覆三千大千世界",赞叹阿弥陀佛以不可思议的功德,成就了西方极乐净土,为苦恼众生提供了一个理想的修行环境。众生沐浴在诸佛菩萨的德化中,"皆为一切诸佛之所护念","皆得不退转于阿耨多罗三藐三菩提"。所有这一切,都是真实不虚的，以此鼓励众生断疑生信，发愿往生到西方极乐国，与无数圣贤共同生活、修行，过着无忧无虑、无争无染、清净安康的日子。

最后，佛陀一再提醒大众，念佛往生净土是世间最难令人相信的修行法门，"当知我于五浊恶世，行此难事，得阿耨多罗三藐三菩提，为一切世间说此难信之法，是为甚难"。因此，如果有人听闻阿弥陀佛的名号，读诵《佛说阿弥陀经》，便能生起往生极乐国土的信心，那么，此人应该有很大的善根、福德、因缘。

三、《佛说阿弥陀经》的现代意义与价值

净土是禅修者在定中显现的境界，甚深难测，所以佛陀才无问自说净土法门，指出获得这种境界的方法——信、愿、行，被称为净土法门的三种资粮。"信、愿、行"三字看似简单，却包含了一个人成功的秘诀。

（一）信——生命定向

《佛说阿弥陀经》云："从是西方过十万亿佛

土，有世界名曰极乐。""十万亿佛土"是地球到西方极乐世界的距离。两者之间究竟有多远呢？玄奘所译《瑜伽师地论》为我们提供了线索："如是百拘胝四大洲，百拘胝苏迷卢，百拘胝六欲天，百拘胝梵世间，三千大千世界，俱成俱坏。即此世界，有其三种：一、小千界，谓千日月，乃至梵世，总摄为一；二、中千界，谓千小千；三、大千界，谓千中千。合此名为三千大千世界。如是四方上下，无边无际三千世界，正坏正成。犹如天雨，注如车轴，无间无断，其水连注，坠诸方分，如是世界，遍诸方分，无边无际，正坏正成。即此三千大千世界，名一佛土。如来于中，现成正觉；于无边世界，施作佛事。"（T30.288a15-25）此段引文说明，佛教中的一个小世界相当于现代科学中的一个太阳系大小，约七十九个天文单位。若以一个天文单位为一亿五千万公里计算，太阳系的直径约为一百二十亿公里，也就是佛教中一个小世界的大小。依此推算，则我们离西方极乐世界的距离应是 1,200,000,000,000,000,000,000,000 亿公里。

表二：地球离西方极乐世界的距离推算

各种世界	直径（亿公里）
一个小世界（一个日月所照的时空）	120
一千个小世界	120,000（1000×120）
一个中千世界（1000小千世界）	120,000,000（120,000×1000）
一个大千世界（1000中千世界）（三千大千世界，名一佛土）	120,000,000,000（120,000,000×1000）
十万亿佛土（离西方极乐世界的距离）	1,200,000,000,000,000,000,000,000（120,000,000,000×10,000,000,000,000）

从地球到西方极乐净土的距离来看，若靠自力，不管我们使用何种现代最先进的交通工具，想在今生今世"登陆"西方极乐净土，都是不可能成功的，更何况是在交通落后的古代！人临终的一刹那，真的能往生到极乐世界吗？西方极乐世界到底为何物？佛教界内部也一直争论不休。

自宋代起，诸宗逐渐归于净土，解释净土的观点由此层出不穷。唯心净土的观点逐渐成为主流。同时，也有不少人坚信，西方极乐世界是阿弥陀佛四十八大愿成就的报土。这两种观点成为宋朝以来对西方极乐世界争论的焦点，一直争论了上千年，至今仍无结论。争论不休的原因其实并不复杂，现世求往生西方净土的人，都没有到那儿"旅游"的经历，所以无法证明它的存在。当然，不信净土的人也没有足够的证据彻底否定它的存在。这就步入到"信仰"的空间。

对大多数中国人来说，"信仰"是一个既熟悉又陌生的词。熟悉的是，社会主流媒体大声疾呼：信仰缺失，国人迷失，社会问题层出不穷；陌生的是，信仰的内涵与功能，至今仍是仁者见仁，智者见智。《辞海》（第六版彩图本）对信仰的解释是："对某种宗教或主义极度信服和尊重，并以之为行动的准则。"在这一解释中，对宗教或主义的信服和尊重之前加了一个定语"极度"，便有贬义的成分，含有"盲信"甚至"迷信"的否定色彩。早在公元前六世纪，佛陀在《佛说阿弥陀经》中感慨万分，认为让人产生信仰，真的很难："舍利弗！当知我于五浊恶世，行此难事，得阿耨多罗三藐三菩提，为一切世间说此难信之法，是为甚难。"（T12.348a24–26）

佛教真的是在"玩"迷信吗？为了回答这一问题，罗睺罗博士在《佛陀的教诲》一书中同读者做了一个游戏："如果我告诉你，我手掌中藏着一颗宝石，信与不信之类的问题就会产生，因为你无法亲眼见到手中是否有宝石；如果我张开手掌，让你亲眼见到这颗宝石，信与不信之类的问题就无从产生。"①

离我们十万亿佛土的西方极乐世界，即使用世界上最先进的天文望远镜也无法看到，它的奇妙境界非常人可以想象，更不是常人所能了解，唯有"信仰"才能使人们确定自己行动的方向，产生强大的动力，心甘情愿地为既定的目标而奋斗，最终获得成功。同理，事业的成功，也是由信仰起步。正如《方广大庄严经》说："佛法大海，唯信能入。"②法国大作家雨果也曾说："什么也不信的人不会有幸福。"一个人若没有信仰，便失去了人生目标，只能盲目地活着，如同漂浮于茫茫大海中的孤舟，找不到驶往人生彼岸的方向；信仰犹如灯塔，为迷茫者指明生命之舟的航向。

（二）愿——力量的源泉

如果说"信仰"为我们的行动确定方向，那么，"愿力"则是行动的直接推动力。《汉语大字典》："愿，欲也。"佛教的缘起法告诉我们，任何一种欲

---

① Rahula W.（1990）*What the Buddha Taught.* P.8. London: WisdomBooks.

② 《方广大庄严经》, T3. 615c28-29。

望的产生,至少需要根、境、识三个条件,三者相触后,人们便会不自觉地对自己所认识的事物进行判断,产生三种不同的感受:喜欢、不喜欢或舍受。以吃饭为例,吃美食时,产生喜欢的直观感觉,五蕴中称为"受蕴";饭后,形成了美食的概念,这就是"想蕴";想起这道菜的美味时,内心生起强烈的冲动,想再吃一次,动手做这道菜的动机便产生了,这就是"行蕴",与"愿力"相通。喜欢的事因而被称为"愿望"或"心愿";打算做自己喜欢的事被称为"发愿";心甘情愿去做自己喜欢的事被称为"愿意";由此产生的强大精神力量,被称为"愿力"。

"愿力"能否变成现实,与发愿的动机有紧密的关系。有什么样的愿力,就会产生相应的行动,并带来相应的结果。古往今来,对普通人而言,喜欢做的事离不开财、色、名、食、睡,诸佛、菩萨称之为"地狱五条根",动机是为了满足一己之私欲,即使你努力祈求,诸佛、菩萨又怎会助长你通往地狱的贪欲呢?心愿难了,也是可想而知的事。古代圣贤则不同,他们以天下为己任,发愿拯救苦难众生,愿力大,动力大,成就自然也很大。佛陀怀着"人生的苦难是可以解脱的"信念,立下"不成正觉，誓不起座"的誓言，终于在菩提树下悟道成佛，于世间说法四十九年，广度无数众生；观世音菩萨坚信与娑婆众生有特殊的因缘，倒驾慈航，循声救苦，观音信仰因而成为整个亚洲人的精神支柱；地藏王菩萨坚信世上"没有不可教化之人"，立下"众生度尽，方证菩提；地狱未空，誓不成佛"的宏愿，心甘情愿到最苦的地方——地狱去救度众生；玄奘大师正是因为有"求取真经，利益华夏"的信念，才会有"若不至天竺，终不东归一步，宁可就西而死，岂归东而生"的决心，义无反顾地穿越"上无飞鸟，下无走兽，复无水草"的大沙漠西行求法；鉴真大师（六八八—七六三）也因"东渡传播正法"的信念，才会立下"是为法事也，不惜身命！诸人不去，我即去耳！"的誓言，历经九死一生，东渡扶桑弘扬佛法，被日本人奉为律宗开山祖、医药始祖、豆腐业祖师、日本文化恩人。[①] 同理，阿弥陀佛发下四十八愿度众生的宏愿，成就了清净庄严的西方极乐世界，接引了无数苦难众生安心修行。

"愿力"如同喷泉，喷泉的高度不会超过水源的

---

① 〔日〕真人元开著，汪向荣校注：《唐大和上东征传》（北京：中华书局，一九七九年），页八。

压力,同样,一个人的成就不会超过他的愿力。愿力有多大,成就便有多大。成佛这等大事也是如此,从发愿起步。正如《大智度论》云:"庄严佛界事大,独行功德不能成,故要须愿力。譬如牛力,虽能挽车,还须御者,能有所至。"(T25.108b27-29)由此可知,无愿则不成能佛,愿力是成佛的内在动力。《华严经》因而说:"一切诸佛悉具一切愿满,方得成佛。"(T37.150c21-22)

(三)行——成功的关键

一般人认为进入西方极乐世界的门槛很高,其实并非如此,一个人如果有了信心与心愿,只要坚持念"南无阿弥陀佛"六字洪名,念到一心不乱的程度,便可蒙佛接引,带业往生极乐净土。也许有人会问:"这也太简单了吧?!"是的,成功的秘诀本来就这么简单——贵在专心、坚持。

大哲学家苏格拉底的学生向他请教:"怎样才能修到精深的学问?"苏格拉底听后并未直接作答,只是说:"我向大家倡议做一件最简单也是最容易的事,每个人尽量把胳膊往前甩,然后尽量往后甩。"接着他示范了一次,"从今天起,每天做三百次,大家能做到吗?"学生们都笑了,这么简单的事有什么做不到的？过了一个月，苏格拉底问："哪些同学坚持了？"有九成的学生骄傲地举起了手。一年后，苏格拉底再次问大家："请同学们告诉我，最简单的甩手动作，还有哪几位坚持了？"这时，整个教室只有一个人举起了手。这个学生就是后来成为古希腊哲学大家的柏拉图。所以《六祖坛经》云："此须心行，不在口念。口念心不行，如幻、如化、如露、如电；口念心行，则心口相应。"有了信心与心愿而无行动，仍会一事无成；若能做到知行合一，通过坚韧不拔的努力，成功的大门就会开启。

  由此观之，如果人生是一条船，那么，坚定的信念是决定人生方向的舵，宏大的愿力是驱使船前进的动力，坚韧不拔的意志是行动的力量源泉。信、愿、行三种资粮，帮助我们在生命的大海中战胜激流险滩，直至彼岸。至此，我们不难理解，阿弥陀佛的四十八大愿，为什么能成就清净庄严的极乐国土，为什么发愿念佛可以往生西方极乐世界。这是《佛说阿弥陀经》对现代人的重要启示。

《佛说观无量寿佛经》导读

心如工画师，有愿皆成就

伦敦大学亚非学院佛学博士、
南京大学教授

净因法师

据《世说新语·假谲》记载，东汉末年，曹操带兵攻打张绣，迷了路。时值盛夏，骄阳似火，将士被晒得头昏眼花，口渴难耐。曹操急中生智，告诉将士，前面不远处有一大片梅林，果实很多，可以解渴。

将士听了曹操的话，想到梅子的酸味，口水直流，遂士气大振。最终军队没有看到梅子，却找到了水，渡过了难关。这就是"望梅止渴"成语的来源，常用来比喻愿望无法实现时，用空想激励自己。

然而，《佛说观无量寿佛经》（以下简称《观无量寿佛经》）认为，"观想"潜藏着改变人生的巨大潜能，不仅能使我们梦想成真，而且能帮助人们成功"登陆"西方极乐净土。

一、《观无量寿佛经》的版本与注疏

据《开元释教录》所列，《观无量寿佛经》有两种译本。刘宋昙摩密多的译本已失传，由刘宋畺良耶舍于文帝元嘉元年（四二四）在建业（今南京）译出的版本，成为目前唯一的译本，为本书〔指中华书局（香港）有限公司出版的"新视野中华经典文库"之《净土三经》〕所采用，不过，本书只是节选大部分经文加以译注。日本人收藏了一些以维吾尔语写就、成碎片的《观无量寿佛经》，经日本学者研究，这些碎片很可能是从汉译的《观无量寿佛经》转译的，因为比对两个版本，有许多相似之处。例如，维吾尔语经本中的观世音菩萨是唐音（Oansiin Bodisati），而不是梵音（Avalokitesvra）。

该经的注疏很多，最具代表性的中文注疏有六种:《观无量寿佛经义疏》（隋慧远撰）、《观无量寿佛经义疏》（唐吉藏撰）、《观无量寿佛经疏妙宗钞》（隋智者说、宋知礼述）、《观无量寿佛经四帖疏》（唐善导集记）、《观无量寿佛经义疏》（宋元照述）和《观无量寿佛经直指疏》（清续法集）。其中，《观经妙宗钞》与《观经四帖疏》，义理深邃，有独到见解，对后世影响较大。以上注疏是本书主要参考资料。

二、《观无量寿佛经》的基本内容

佛陀在王舍城王宫讲《观无量寿佛经》，大致包含三方面内容：本经缘起、修三福与十六观。释迦牟尼佛（以下简称"佛陀"）时代，频婆娑罗王晚年得子，叫阿阇世。长大成人后，受提婆达多的煽动，把父王关进了监狱，打算把他饿死，自己做国君。王后韦提希营救丈夫的行动暴露后，也被囚禁起来。频婆娑罗王危在旦夕，眼看不孝之子阿阇世即将犯下杀父篡位的弥天大罪，韦提希悲痛万分。为了改变三人的命运，佛陀无问自说，为韦提希和未来无量苦恼众生讲述殊胜的极乐净土法门——《观无量寿佛经》，这成为佛陀讲述本经的缘起。

三福指世福、戒福和行福，又叫作"三种善业"，是净土法门修持的基础。世福是世间善法，专指孝养父母，侍奉师长，慈心不杀；戒福是出世善法，专指受持三归、五戒十善业；行福是入世善法，专指发菩提心，深信因果，诵读大乘，自己获益后，进而劝化有缘人，舍弃恶念，往生净土。三福具有从浅到深，从低到高的次第，是往生净土的前提条件。

念佛往生净土，是净土法门的总纲。就心路历程而言，是由持名念佛至观想、观想再到实相念佛。《佛说阿弥陀经》重在阐扬"持名念佛"，而《观无量寿佛经》侧重于"观想念佛"，通过修十六种观想（见下页表），由观想佛土、佛像、佛身，而见佛心，即得往生极乐国土。修十六观因而成为本经之核心内容，所以本经有时也叫作《十六观经》。

十六观

以因果分	以内外分	十六观		说明
观果	观依报	1 日想观		由现实世界过渡到西方极乐净土
		2 水想观	3 地想观	观净土所依境界
		4 宝树观	5 宝池观 6 宝楼观	观琉璃大地上树、池和楼之庄严
	7 华座观			由观依报过渡到观正报
	观正报	8 像想观	9 真身观	观佛果观
		10 观音观	11 势至观	菩萨
		12 普观		自往生观
		13 杂想观		由观极乐净土过渡到现实世界
观因		14 上辈观	15 中辈观 16 下辈观	回到现实世界

《佛遗教经》云："制之一处，无事不办。"（T26.285b27）一个人若专心做一件事，定能成功，这种"专注"的精神是《观无量寿佛经》修观成败之关键。本经引导人们以专注于一方作为修观的入手处。西方让人们联想到西方极乐世界，落日使人联想起美好事物，故观日落西方，自然成为十六观的第一观——"日想观"。而落日时天水相连，由观落日自然过渡到"观水"（第二观：水想观），观水成冰，见冰为地（第三观：地想观）。再由极乐净土琉璃大地观想到大地上的树（第四观：宝树观）、池（第五观：宝池观）和楼（第六观：宝楼观），构成极乐世界的

庄严国土,以上六观合称为"观依报"。其中,这六观中的前一观半("日观"及"水观"前半)是连接现实世界和西方极乐世界之桥梁,所以称作"观方便",后四观半("水观"后半观、"地观"、"树观"、"池观"和"楼观")是极乐净土的依报。

第七观"华座观"之归属,古代有不同的意见。依慧远,"华座观"属依报(指我们外在的物质世界);依吉藏,"华座观"属正报(指我们自身)。我个人认为,"华座观"是"观依报"向"观正报"之过渡,引导修观者由庄严的极乐净土上的华座,联想到座位上的阿弥陀佛像(第八观:像想观),再联想到相好光明的阿弥陀佛真身(第九观:真身观),然后自然联想到在佛两侧侍立的观音(第十观:观音观)和大势至两位大菩萨(第十一观:势至观)。第十二"普观"是观想自己身临其境,往生西方净土之境界。第十三"杂想观"所观之佛,又变成人们所熟悉的一丈六的佛像,对以上净土圣众加以总结。所以这一观想又是过渡,把人们由西方极乐世界拉回到人间来。由此可见,由第八"像想观"到第十三"杂想观",是观想极乐净土的正报——观想净土圣众。

从第十四"上辈观"到第十六"下辈观",又由极乐净土回到人间,观想凡夫修观为因,往生净土为果。佛陀依据修行者的根机、功夫深浅和造业，阐明不同的往生方法，有上、中、下三辈之别。三辈中再分为上、中、下三品，共有九种不同的往生方式。

修十六种观想，是开启从忧郁、烦恼、痛苦、失望的此岸到达清净、光明、美丽、安乐彼岸之门的金钥匙。若观想成功，必能亲眼见到极乐世界的依、正庄严，蒙佛授记，去除无量劫业障生死之罪。修三福（世福、戒福和行福）则是修观成功的前提条件，而人们生前的所作所为，决定了往生方法之不同，有上、中、下三辈九品之差别，使得往生极乐净土的人有理有据，心安理得。

三、《观无量寿佛经》的现代意义与价值

如何实现美好人生、建构理想社会，一直是人们最关心的话题。不少人坚信，充裕的物质财富、发达的科学技术和完善的法律体制是创建祥和、安定社会的保证；更有人过分夸大武力的作用，认为强大的军队、威力无比的武器是建立世界新秩序、维护世界和平的利器。然而，残酷的现实告诉我们，人类原有的问题（如生老病死之苦、贪嗔痴等思维、自然灾害等）

尚未解决，新问题（如恐怖主义的抬头、禽流感等新病毒、环境污染、工作压力、失业、精神空虚等）又接踵而来。人类苦难多，究其原因，人们并未从根本上解决问题。其实，世间的是与非、善与恶、美与丑、爱与恨、苦与乐、战争与和平来自同一根源——人心。

《六祖坛经》云："心生种种法生，心灭种种法灭。"（T48.386b16–17）《华严经》亦云："心如工画师，能画诸世间。五蕴悉从生，无法而不造。"我们的心如同世界上最优秀的画家，画出了人类几千年文明的精彩。从原始人的钻木取火到核能发电，从简单的劳动工具到先进的仪器，从茅屋到摩天大楼，从结绳、算盘到计算机……哪一件不是人心所"造"？

也许有人会问：自然界美好的事物，如皎洁的明月、盛开的鲜花，都是客观存在的事实，怎能用心去"画"？其实不然，同样是一江春水，在欢喜的人心中，是"日出江花红胜火，春来江水绿如蓝"；然而在忧愁的人心中，是"问君能有几多愁，恰似一江春水向东流"。自然景色的本来面目，恐怕还是取决于观赏者的心情，正如刘勰在《文心雕龙·神思》中云："登山则情满于山，观海则意溢于海。"

那么，心能"画"出美味佳肴、舒适的居住环境吗?庄子在《齐物论》中提供了最好的答案:人吃五谷,鹿吃草,鸱鸦喜欢吃老鼠。对于一切有情众生来讲,到底什么才是真正意义上的美味佳肴呢?①古往今来始终无定论。还有,人睡在潮湿的地方,就会腰酸背痛,泥鳅却最喜欢钻在泥地里;人爬到高树上就会惊恐不安,猿猴则在树上来去自如。这样看来,不同的动物,因业力不同,对舒适的居住环境会有不同的理解。②

人也是心"画"出来的吗?《大智度论》用美女作比喻来解答这一问题。欲心重的人见到美女,便觉得可爱而生染着心;情敌见到她便会妒火中烧;而在蚊子眼中,她是美食,也是致命的杀手……美女是同一人,却因观者的角度不同而产生好坏、美丑的分别,因此并没有一个客观存在的实体被称为"美女"。

那么,心也能"造"佛吗?答案是肯定的。《六祖坛经》云:"菩提自性,本来清净。但用此心,直了成佛。"(T48.347c28-29)心本清净,被贪嗔痴等自私的思想污染后,产生种种分别,起惑造业,令

---

① 《庄子·齐物论》:"民食刍豢,麋(麇)鹿食荐,蝍蛆甘带,鸱鸦嗜鼠,四者孰知正味?"

② 《庄子·齐物论》:"民湿寝则腰疾偏死,鳅然乎哉?木处则惴栗恂惧,猨猴然乎哉?三者孰知正处?"

人痛苦不堪，而成烦恼凡夫。正如《六祖坛经》云："自性若悟，众生是佛；自性若迷，佛是众生。"（T48.361c28-29）又云："前念迷即凡夫，后念悟即佛。"（T48.350b2829）转迷成悟在一念之间。禅宗通过修禅定达到转迷成悟的目的，而《观无量寿佛经》中的十六观则在禅修"专注"的基础之上，加上观想西方极乐世界依正庄严、诸佛菩萨相好光明等美好事物，使心中妄念没有机会生起，如同衣物被香熏，久则染其香味。念佛之人心中常忆念佛，向善、向上的佛心便悄然而生，久而久之，与佛无异。《观无量寿佛经》说："次当想佛。所以者何？诸佛如来是法界身，入一切众生心想中。是故汝等心想佛时，是心即是三十二相，八十随形好。是心作佛，是心是佛。"

由以上分析可见，我们的心确实如同世界上最优秀的画家，画出了千变万化的世界，也画出了喜怒哀乐的人生。修十六观对个人的启示是：以佛心看人，则遍地都是佛；以鬼心看人，则处处是狰狞的恶鬼。但愿现代人多从正面的角度看问题，人生一定更美好。修十六观对社会的启示是：要获得全人类的幸福与安宁，必须从"自净其意"开始，因为只有美好的心灵才能画出绚丽多彩的人生。主观世界一旦改变，宇宙人生也随之而改变，理想社会遂随之而生。

《佛说无量寿经》导读

善念善行，善作善成

净因法师

伦敦大学亚非学院佛学博士，
南京大学教授

史蒂夫·乔布斯（Steve Jobs）坚信，"很多时候，人们并不知道自己需要什么，直到你向他们展示出来为止"。在 iMac、iPod、iPhone 和 iPad 等天才般的作品问世前，人们对这些产品一无所知，但这些产品一投放市场，当下就"改变了我们看世界的方式"。[①] 同样，受到诸佛赞叹的西方极乐世界，异乎寻常，难以被普通人所了知，佛陀才无问自说净土法门。史蒂夫·乔布斯以"活着就是为了改变世界"的愿力，创造了苹果王国，"改变了我们的生活，重新定义了整个世界，并取得了人类历史上极为罕见的成就"。[②] 同样，法藏比丘发下四十八大愿，成就了宇宙间最完美的理想世界——西方极乐净土，为苦难众生提供了良好的修行、生活环境。

一、《佛说无量寿经》的译者与版本注疏

佛教在公元前一世纪传入中国，被翻译成中文的佛典并不多，《佛说无量寿经》（以下简称《无量寿经》）便是其中的一部。该经又称《无量寿经》《大

---

① 美国前总统奥巴马赞称乔布斯语。
② 同上。

无量寿》《大经》《双卷经》。根据《出三藏记集》和《高僧传》记载，该经的译本先后有十二种，其中七种已经失传。据《开元释教录》记载，后汉安世高、曹魏帛延、西晋竺法护、东晋竺法力和觉贤、刘宋宝云和昙摩密多翻译的版本已失传。现存《大正藏》中的五种版本中（见表一），以康居国人康僧铠（Saghavarman）于曹魏废帝嘉平五年（二五三）在白马寺译出的版本最完备，流通量最大。所以，本书〔指中华书局（香港）有限公司出版的"新视野中华经典文库"之《净土三经》〕节选这一版本作底本。

表一：现存五种《无量寿经》译本

经名	译者
《无量清净平等觉经》四卷（T12.279b-299c）	东汉支娄迦谶
《佛说阿弥陀三耶三佛萨楼佛檀过度人道经》二卷（T12.300a-317c）	东吴支谦
《佛说无量寿经》二卷（T12.265c-279a）	曹魏康僧铠
《大宝积经·无量寿如来会》二卷（T11.91c05-101c）	唐菩提流志
《佛说大乘无量庄严经》三卷（T12.318a-326c）	北宋法贤

本经的藏文译本为《圣无量光庄严大乘经》，由胜友、施戒与智军合译，现存于藏文经《甘珠尔》部中。而梵文原本，则于十九世纪中在尼泊尔被发现，由英国学者马克斯·缪勒和日本学者南条文雄合力

出版，后译成英文，名为 *The Larger Sukhavativyuha Sutra*，一九〇八年译成日文。一九三一年，学者们完成了梵、藏、日、英合璧的《梵藏和英合璧净土三部经》，收入《净土宗全书》别卷中。①

由于《无量寿经》有众多译本，经题、内容等互有差异，自宋代起，净土信仰者便对该经的不同译本进行校正会集，以方便该经的流通弘扬。其中有四个版本具有较大的影响（见表二）。然而，会集本毕竟不是独立的版本，能否完全契合原经宗旨，学术界、佛教界仍有不少争议与批评，这是本书仍采用康僧铠译本的原因。

表二：四种《无量寿经》会集本

经名	会校者	注
《大阿弥陀经》	南宋王日休	把除菩提流志所译之外的四种译本删补校正
《无量寿经》	清彭绍昇	在康僧铠译本的基础上作了一些技术处理，而非诸译的会集本
《摩诃阿弥陀经》	清魏源	首开会校五种存世异本之先河
《佛说大乘无量寿庄严清净平等觉经会集本》	民国夏莲居士	在五种古译本基础上，结合此前三家校本会校

---

① 荻原云来：《梵藏和英合璧净土三部经》（《净土宗全书》），页一——九二。日本净土宗典刊行会编纂。

《无量寿经》注疏繁多,其中净影的《无量寿经义疏》、吉藏的《无量寿经义疏》、新罗国黄龙寺沙门元晓的《无量寿经宗要》和新罗国沙门憬兴的《无量寿经连义述文赞》并称为《无量寿经》四大注疏。另外有彭绍昇、王耕心、丁福保、李炳南、黄念祖诸居士分别对四种会集本作过注疏,这些注疏,可用作深入探究《无量寿经》之参考。

二、《无量寿经》的基本内容

佛陀在王舍城耆阇崛山讲《无量寿经》,大致包含三方面的内容:法藏的发愿、修行与证果;众生往生之因与果;诸佛之戒恶劝善。

(一)法藏发愿、修行与证果

"众生无边誓愿度,烦恼无尽誓愿断,法门无量誓愿学,佛道无上誓愿成。"在众多愿中,"四弘誓愿"是总愿。依此总愿,每位菩萨在修行时都发了自己的别愿:文殊、普贤各有十大愿;药师佛、观世音菩萨各有十二大愿;阿閦佛有二十大愿;师子香菩萨有四十愿。各菩萨依愿修行,建立了各自的净土。《无量寿经》记述了法藏比丘由过去无量久远劫之前，便先后跟随锭光如来、处世如来等五十二尊佛修行，直至第五十三尊世自在王如来出现于世，转世为国王，闻佛说法后，"弃国捐王，行作沙门，号曰法藏"。他在世自在王佛引导下，收集了十方诸佛本愿，发下四十八大愿。这是旷古未有的"超世愿"。隋代三大师之一的净影寺慧远（五二三—五九二）将法藏比丘的四十八愿分成三方面：摄法身愿（包括十二、十三、十七三愿）；摄净土愿（包括三十一、三十二两愿）；摄众生愿（包括其余四十三愿）。从比例上来看，我们不难发现，"摄受众生"才是四十八愿的核心内容，表明法藏比丘发愿建立极乐世界的目的很纯净明确：为烦恼众生提供安全的修行处所。

法藏比丘发愿后，花费了五劫时间，从自利、利他两方面依愿修行。身、口、意三业清净为法藏比丘自利修行的主要内容，其核心是自净其意。法藏比丘以亲身的修证告诫世人，修行的要点是去除凡夫心：贪心、嗔心、痴心、慢心、疑心、恨心、覆心（覆是覆盖、掩藏过失）、诳心、谄心、骄心、害心、嫉心、悭心、无惭心、无愧心、不信心、懈怠心、放逸心、昏沉心、掉举心（掉举是心不安静、妄动浮躁、障碍禅定）。修行的过程就是将这些凡夫心转化成圣贤心：慈心、悲心、喜心、舍心、施心、益心、定心、信心、念心、达心、直心、慧心、戒心、愿心、忍心、不退心、大乘心、无相心、平等心。将心专注于一句佛号上，使凡夫心不再有机会生起，一心观想诸佛菩萨的庄严、西方极乐世界的美好，久而久之，佛心生起。正如《观无量寿佛经》云，"心想佛时，是心即是三十二相，八十随形好"。这是净土法门自我修行的核心原理。另一方面，四摄、六度是法藏利益众生的主要手段。通过自利利他，福慧双修，法藏比丘积累了无量的功德，才能综合二百一十亿诸佛刹土（刹土即国土）的优点，成就天下第一清净的佛土——西方极乐世界，而他本人也修得光明无量、寿命无量的真身。法藏修行之依、正之果在《佛说阿弥陀经》《观无量寿佛经》中已有详细描述，故本导读略去之。

（二）众生往生之因与果

如此福慧具足的绝妙净土，怎样才能往生彼处呢？佛陀讲述了念佛定生净土的因果法则，根据念佛人愿力的大小、修持的勤惰、功德的深浅，而有三辈往生之不同。无论是谁，只要至诚念佛，蒙佛加持，便能带业往生极乐，获得具足佛相、永离恶道、遍供诸佛、听闻正法、悲智双运、定慧通明、智辩无碍、大悲普化等果报，最终得一生补处之位，直至成佛。

（三）诸佛之戒恶劝善

人生于世，不如意事十有八九，地震、洪水等自然灾害时刻威胁着人类的生存，生老病死苦，无人能幸免。《妙法莲华经》上说："三界无安，犹如火宅；众苦充满，甚可怖畏。"（T9.14c22-24）《佛说八大人觉经》指出了众苦的根源："心是恶源，形为罪薮。"（T17.715b9）"心"主要指贪、嗔、痴三毒，是一切罪恶的根源。佛陀在讲完净土因果之后，对现实社会中世人沉迷于贪、嗔、痴三毒所带来的危害进行了详细的描述，告诫世人，沉迷于此而不修净土，是堕恶道之因，将永劫轮回。佛陀以大慈悲心劝诫世人专心念佛，以摆脱贪、嗔、痴的困扰，博爱行善，积累资粮，才能达到心无挂碍的境界。

紧接着，佛陀指出，世人因心不净而起惑造业，主要有五方面的内容：杀、盗、淫、妄与邪念，《无量寿经》称之为五恶。佛陀详细解说了每一种恶行的表现形式，以及由此而招感的果报；并劝导众生以仁慈戒杀生，以少欲戒偷盗，以忠贞戒邪淫，以诚信戒妄语，以智慧戒邪念，五善齐全，必能获得现世之五德及未来之五福。最后佛陀反复劝导世人，应遵行佛经，仁慈博爱，广修善德，一心念佛，求生净土。

从法藏比丘的发愿、修行、证果，到众生往生之因与果，一幅西方极乐世界的美图展现在世人面前，阿弥陀佛身放光明，令在灵鹫山听佛讲法的听众，亲见极乐世界的庄严景象，证实佛陀关于净土之教言真实不虚。佛陀还分别列举了十四个佛国往生的情况，往生人数之多，难以用数字来计算，以此劝勉世人坚定信心，发愿往生极乐净土。

三、《无量寿经》的现代意义与价值

现实世界总是不完美的，《佛说阿弥陀经》称之为"五浊恶世"。对理想社会的追求是人的共性。"人希望什么"与"事实是什么"之间，永远存在差距和矛盾。这使得一些具有超卓思考力的理想主义者，勾画了一个又一个理想世界。在哲学领域，西方有柏拉图的"理想国"、莫尔的"乌托邦"、康帕内拉的"太阳城"、奥古斯丁的"上帝之城"等；东方则有中国儒家的"大同世界"、老子的"小国寡民"、陶渊明的"世外桃源"、孙中山提倡的"天下为公"的社会。

从宗教层面说，人类的理想社会有基督教的"天国"、道教的"天界"和佛教的"极乐净土"。其中，极乐净土还不止一个，称为十方无量净土。中国人最熟悉的，就有《弥勒上生经》中的兜率净土、《药师琉璃光如来本愿功德经》的琉璃净土、《大宝积经》中的妙喜净土、《大乘密严经》的密严净土、《妙法莲华经》中的灵山净土和《华严经》中的莲花藏世界等。当然，《无量寿经》《观无量寿佛经》《佛说阿弥陀经》中的西方极乐净土最为著名，但不论是哪个净土或理想世界，名称并不重要，重要的是它代表着古今中外人们对美好生活环境的向往与追求——一个没有斗争、罪恶和痛苦的理想世界！

《无量寿经》完整地记载了法藏比丘在世自在王佛的教导下，花费了整整五劫时间综合二百一十亿诸佛刹土的优点，建立起宇宙间最完美的西方极乐净土。不少人认为，西方极乐世界是生存在信仰真空的乌托邦。然而，净土三经为世人提供了构建理想社会的理论基础与实践方法（见表三）。《佛说阿弥陀经》重在引导世人对西方极乐净土生起信心，《无量寿经》侧重于说明如何发愿，而《观无量寿佛经》重在说明如何修观，"是心作佛，是心是佛"，心净则国土净，当下就在西方极乐国土。三经相辅相成，如鼎之三足，缺一不可，向人们完整地展示了净土修行法门的总纲：信、愿、行、果。

表三：净土三经一览表

经、论名	讲经地点	译者	特色
《佛说阿弥陀经》（T12.346b-348b）	舍卫国祇树给孤独园	姚秦 鸠摩罗什	信：念佛往生
《佛说无量寿经》（T12.265c-279a）	王舍城耆阇崛山	曹魏 康僧铠	愿：四十八愿
《佛说观无量寿佛经》（T12.340b-346b）	王舍城王宫	刘宋 畺良耶舍	行：十六观法

净土三经告诉我们，极乐净土并不神秘，只要做到"富足利生""德化治国"，理想社会自然会出现。

（一）富足以利生

佛家戒"贪"，而在《无量寿经》中，西方极乐国土的大地是黄金打造的，树木、殿堂、楼阁都是金、银、琉璃、玻璃、砗磲、赤珠、玛瑙众宝合成的，"七宝诸树，周满世界。金树、银树、琉璃树、玻璃树、珊瑚树、玛瑙树、砗磲树。或有二宝、三宝，乃至七宝，转共合成"。佛教一向主张四大皆空、看破放下，为何佛陀要把西方极乐国描绘成世界上最富丽堂皇的国土？这一问题常令人百思不得其解，其实，这种描述，暗含深意。

梁漱溟曾说过："不可战胜的是谁？是生命。被战胜的是什么？是物质。生命是心，是心表现在物上的，是心物之争。"自古以来，物质的匮乏直接威胁到人类的生存，争夺资源以求生命安全，一直是社会发展史的主旋律。这种争夺造成人与大自然、人与人、人与社会之间的冲突。只有社会得到极大的发展，如同西方极乐世界一样，人们思衣得衣，思食得食，生活在这样安全的社会，积聚财富便变得毫无意义，各种争斗才会彻底停止。

由此观之，发展社会经济，创造更多的物质财富，是理想社会的基石。更重要的是，西方极乐世界如此富丽堂皇，正反映了佛家真空与妙有的辩证统一。一个人在修行的过程中，觉悟所谓的"我"是由五蕴和合而成，以此思维破除我执；所谓的万物皆由众缘组合而成，以此思维来破除人们对身外之物的执着，达到心无挂碍的境界。由此可见，佛家讲空，空去的并非自我、万物本身，而是人们对自我、万物的执着心！佛家在讲空的同时，还指出了不空的一面，因果不空。法藏比丘花费了五劫时间从自利、利他两方面修福修慧，必有善果。相好光明、寿命无量是他的"正报"；华严富贵的极乐净土是他的"依报"。依正庄严，是佛家讲不空的一面。佛家的因果律不但为财宝遍地的极乐净土找到了理论依据，而且明确告诉世人：佛教并不主张贫穷，因为贫穷是没有福报的表现，因而鼓励人们创造自己的人间净土。这对当今建设繁荣社会仍具有借鉴作用。

（二）德化以治国

"不歌舞观听"为佛家十戒之一。按照习惯性的解释，佛门中人似乎不应该观看舞台剧或听音乐会，更不用说亲自唱歌跳舞了。然而，在敦煌壁画中，音乐题材的洞窟有二百多个，不同类型的乐队多达五百多组，都是为了演奏出世界上最美妙的天籁。依据《佛说阿弥陀经》《无量寿经》的描述，西方极乐世界的上空飘着美丽的花雨，各种乐器在空中自由飞舞，不鼓自鸣，天女闻声起舞，白鹤、孔雀、鹦鹉、舍利、迦陵频伽、共命鸟等神鸟，不分昼夜地唱出柔和、高雅的乐曲，烘托出一个和谐的极乐世界。回到佛门的现实生活中，早晚功课期间，梵音亦不绝于耳……

由此观之,微妙伎乐早已与佛家结下不解之缘。佛教所反对的不是音律本身,而是不和谐的音律。孤音自鸣,只能发出孤单与不和谐的音声;多音和鸣,相互协调,才能演奏出和谐的乐章。佛儒二家深知其理,遂以乐理来教化民众,治理天下。周公制礼作乐,孔子主张"移风易俗,莫善于乐。安上治民,莫善于礼",其目的都是以"礼"约束外部行为,以"乐"调和内在的情感,以达到"上下尊卑有礼、亲善和谐"的境界。至此,我们便不难理解,净土经典花费大量笔墨描述清风、宝树,百鸟昼夜唱出梵音,本意不在于美妙的音乐,而在一个"化"字,以清净无染的佛法化世导俗,将佛陀的智慧化入人心,使不同根性的人和谐共处,如此,极乐世界离我们还远吗?

《六祖坛经》导读

迷悟一念间

伦敦大学亚非学院佛学博士，
南京大学教授

净因法师

佛教经典分为经、律、论三藏。弟子们将佛陀一生的言行录收集整理成"经藏",将佛陀制订的戒条收集整理成"律藏",将弟子们对佛陀教法阐释的著作收集整理成"论藏"。换而言之,只有佛陀亲口宣说的教法,才能被尊为"经"。唯一的例外则是六祖惠能(一作慧能)的言行录,被弟子们收集整理成册,以"经"冠名为《六祖坛经》。千百年来人们不但毫无异议,而且以读《六祖坛经》为人生一大乐事,"人生最大幸福事,夜半挑灯读坛经"。《六祖坛经》是禅门的根本宝典,其中"见性成佛"的思想是促使佛教中国化的基石;"心性"学说对宋明两代理学家的思维方式和思想内容影响巨大;通俗易懂的宣教方式使《六祖坛经》成为中国第一部白话文学作品。美国人阿伦·瓦兹(Alan Watts)因而将《六祖坛经》看成是"东方精神文学的最大杰作",而近代国学大师钱穆将之与《论语》《孟子》等书并列,《六祖坛经》成为探索中国文化的必读经典之一。

一、《六祖坛经》的作者

惠能（六三八—七一三），祖籍范阳（今河北涿州），随父流放岭南新州（今广东新兴县）。三岁时父亲去世，他又随母亲移居南海（今属广东佛山一带），因家境贫寒，只能靠卖柴维持生计，无缘接受良好的教育，但悟性极高。惠能二十二岁时，有一次卖完柴，无意中听人诵《金刚经》而心有所悟，成为他的求道因缘，以"佛性本无南北"之语吸引五祖弘忍的注意力，以"本来无一物，何处惹尘埃"偈语，得五祖印可。后来，五祖又专门为他解说《金刚经》。至"应无所住而生其心"，惠能大彻大悟，秘得五祖衣钵，为自己的求法时期画上圆满的句号。

"迷时师度，悟了自度。"二十四岁的惠能离开五祖弘忍，开始长达十五年的自性自悟期，因被恶人追逐，受尽磨难，命如悬丝，不得不避难于四会、怀集一带，隐藏于猎人之间。逆境成为磨炼惠能的最高学府，最终他达到了"不被诸境所惑，自然具足神通妙用"之境界。

惠能三十九岁那年（六七六），自思弘法因缘成熟，走出深山，来到广州法性寺（今光孝寺），一句

"仁者心动",一鸣惊人,连名噪一时的印宗大和尚都心甘情愿地拜这位"俗人"为师,然后才为自己的俗人师父落发为僧。此中隐含"依法不依人"之深意!

惠能四十岁时来到曹溪宝林寺(今韶关南华寺),在大梵寺设坛讲经说法,开始了他三十七年的弘法生涯。他以"教外别传,不立文字"的教学风格,阐释"直指人心,见性成佛"的心性学说,成为印度佛教全面中国化的标志,更对中国哲学与中华文化的发展产生了深远影响。

惠能七十六岁时(七一三)在新州国恩寺去世。唐宪宗赐谥"大鉴禅师",柳州刺史柳宗元撰《曹溪第六祖大鉴禅师碑并序》,刘禹锡撰《曹溪大师第二碑》,由此可见,惠能在唐朝时便被文人雅士所敬仰。惠能圆寂后,其真身不坏,被运回曹溪宝林寺供奉,至今还保存在南华寺,供奉在六祖殿中。

二、《六祖坛经》的版本与注疏

惠能如同佛陀、孔子一样,在世时其言行录尚未被整理成书流通。惠能去世后，法海、法达、智常、志彻、神会等数以千计的弟子在传播惠能顿悟教法的同时，形成各自的家风，并逐步将惠能的教法整理成书。《六祖坛经》也许从一开始就有多种版本同时流通。宗宝于一二九一年在编辑《六祖大师法宝坛经》的跋文中指出，"余初入道，在感于斯，续见三本不同，互有得失，其板亦已漫灭。"（T48.364c13）这一史料说明，至少在元代，多种《六祖坛经》版本仍然同时流通。学者研究的成果进一步证实了这一推论。柳田圣山在《六祖坛经诸本集成》一书中收集了中日两国十一个不同版本的《六祖坛经》，石井修道认为有十四种之多，宇井伯寿在《禅宗史研究》中归纳出二十种版本，而杨曾文更是列出近三十种不同的版本。在众多的版本中，综合田中良昭、郭朋、王月清和洪修平等学者的研究成果，真正独立的《六祖坛经》本子至少有四种：1.唐代"敦煌本"（法海本，敦煌写本）——《南宗顿教最上大乘摩诃般若波罗密经六祖惠能大师于韶州大梵寺施法坛经》（T48.337a–345b），约一万两千字，由唐法海集记。2.晚唐"惠昕本"（宋本，兴圣寺本）——《六祖坛经》，约一万四千字，由晚唐惠昕改编（九六七）。3.北宋"契嵩本"（曹溪原本，明藏本）——《六祖大师法宝坛经曹溪原本》，约两万一千字，由宋朝契嵩改编（一〇五六）。4.元代的"宗宝本"（流通本）——《六祖大师法宝坛经》（T48.345b-365a），约两万一千字，由元朝宗宝改编（一二九一）。

学者们普遍认为，以上现存的各种《六祖坛经》版本起源于同一个母本——"敦煌本"，因而把各版本中不同于敦煌写本的众多差异看成是传抄讹误、修订与补充，甚至有意篡改的结果，致使一万两千字的"敦煌本"扩充到两万四千字的"宗宝本"。事实并非如此。以编辑于九六七年的"惠昕本"为例，惠昕在《六祖坛经序》中说，"古本文繁，披览之徒，初忻后厌。于思迎塔院，分为两卷，凡十一门，贵接后来，同见佛性者"。由此可见，惠昕在编辑《六祖坛经》时，对其内容不是扩充，而是简化。内容较少的"敦煌本"确实是现存最早的版本，但并不一定就是最古老的版本。北宋时所修《新唐书·艺文志》（卷五十九）有一段记录，"僧法海六祖法宝记一卷"[①]。李富华以此推断，最早的《六祖坛经》抄

[①] 《新唐书》（北京：中华书局，二〇〇九年），卷五十九"艺文志三"，页一五二九。

本可能就叫《六祖法宝记》，而带有"坛经"二字的版本应是后来的抄本。

更重要的是，内容较多的"惠昕本""宗宝本"等较晚的版本，其内容之古朴未必就晚于较早的"敦煌本"。宗宝就是综合当时三种不同的坛经古本而编辑成《六祖大师法宝坛经》。该本中"若论相说里数，有十万八千"一语常被人们用来作为宗宝篡改《六祖坛经》的铁证。事实上，这句话不但不是由宗宝篡改而来，反而证明"宗宝本"保存了"敦煌本"遗漏的惠能有关净土的重要开示，详情见下文。"宗宝本"几乎是明代以后唯一的流行本，具有品目齐整、语言流畅、通俗易懂、文学色彩浓、可读性强等优点，故为本导读〔指中华书局（香港）有限公司出版的"新视野中华经典文库"之《六祖坛经》导读〕所采用。

《六祖坛经》的注疏，历来很多。比较重要的有契嵩的《法宝坛经赞》、天柱的《注法宝坛经海水一滴》五卷、袁宏道的《法宝坛经节录》、李贽的《六祖法宝坛经解》、恒璿的《法宝坛经要解》、益淳的《法宝坛经肯窾》五卷、青峦的《法宝坛经讲义》一卷、丁福保的《六祖法宝坛经笺注》一册、无著道忠的《六祖坛经生苔帚》三卷等。近年来流行的是中华书局一九八三年出版的郭朋《坛经校释》。

三、《六祖坛经》的基本内容

无论哪一种版本的《六祖坛经》,都大致由三个方面的内容组成:一是惠能自述生平。二是惠能开坛授戒说六波罗密。三是惠能一生以机锋、三十六对等调教弟子及临终嘱咐等。依据印顺考证,前两个部分的内容大体上是惠能在大梵寺讲法的实录,应形成于惠能生前。第三部分内容是在惠能去世后,由弟子收集、整理而形成。《六祖坛经》内容博大而精深,深奥难明,令初学者望而却步。赖永海对儒家和佛家的核心问题有精辟论述,为我们理解《六祖坛经》打开了一扇门,"儒家关于人的学问,通常称之为人性理论;佛教关于佛的学说,则是作为整个佛教(特别是大乘佛教)核心问题的佛性理论"。《六祖坛经》就是最典型的代表,它以"佛性"回答人为什么能成佛,以"悟性"回答成佛的途径,以"心性"回答怎样成佛。

（一）佛性——成佛的基因

《六祖坛经》首先要解的问题是，人为什么能成佛，凭什么能成佛？《百论》以沙中榨不出油来说明，人若无成佛的基因——佛性，便无佛可成，"譬如一一石女，不能有子；一一盲人，不能见色；一一沙，不能出油。多集亦不能"（T30.175b22-24）。由此观之，佛性是关系到一个人能否成佛的大问题。这就是为什么对佛性的讨论，贯穿《六祖坛经》始终。惠能与五祖弘忍第一次见面时，两人便就"獦獠"是否有佛性展开激烈辩论。十五年后，惠能第一次在广州法性寺（即光孝寺）公开亮相时，印宗大和尚便迫不及待地向惠能请教："一阐提等，当断善根佛性否？"一阐提指十恶不赦之人，因八识田中没有任何善种子，看似缺少成佛的基因，从逻辑层面来看，应该没有成佛的可能。在北凉昙无谶（三八五—四三三）译出《大般涅槃经》之前，这种观点在佛教界已成定论。然而，《大般涅槃经》却说，"一阐提等无有善法，佛性亦善以未来有故，一阐提等悉有佛性。何以故？一阐提等定当得成阿耨多罗三藐三菩提故。我常宣说一切众生悉有佛性"（T12.524b25）。包括"一阐提"在内的所有众生都有佛性。然而，人们仍有怀疑，争论不休，印宗故有此问。

为了彻底化解印宗心中对佛性的疑问，惠能以空有不二的中道实相诠释佛性的本质，即缘起的生灭，产生现象世界的万事万物，其本质是空有不二的中道实相，"智者了达其性无二，无二之性即是佛性"。惠能在回答武则天和唐中宗的内侍薛简时，进一步将佛性与中道实相勾连在一起，"无二之性，即是实性"。对圣者而言，宇宙人生空有不二的实相就是佛性，常被称为"实性""法性""实相""真如""法界"，是成佛的基因。

普通人虽然一时无法理解佛性之含义，可一旦得到善知识的启发，即使是"一阐提"的不善之人，也总有一天会理解宇宙人生空无自性的中道实相，善心生起，成为生命的转折点。就凡夫而言，人心中蕴藏着领悟诸法实相的潜能，这就是普通人的佛性，如同尚在母体中的胎儿一样，总有一天会瓜熟蒂落，见性成佛。佛性因而被称为"如来藏""藏识""本觉""自性"。凡夫经过苦修而见性成佛，此时，佛性又被称为"解脱""涅槃""菩提""大圆镜智"。尽管佛性有种种异名，本质却并没有什么不同。《六祖坛经》中这种佛性论的思想直接继承了《楞伽经》《涅槃经》中"一切众生皆有佛性"

（T12.404c）的学说，帮助人们建立成佛的信心，迈向解脱的大门。

（二）悟性——成佛的种子

佛家的"佛性"与儒家所说的"礼、仁"，道家的"善"一样，幽微难明，无法用逻辑、语言文字来描述、传授。道家因而有"道可道，非常道；名可名，非常名"之说，而佛家则有"言语道断，心行处灭"之言，《六祖坛经》直截了当地说："诸佛妙理，非关文字。"如何才能"见"到佛性，走上成佛之路呢？这正是整个《六祖坛经》所要回答的问题。如果把"佛性"看成是成佛的基因，那么，悟性则是成佛的种子。如何才能引发佛性种子起作用呢？《六祖坛经》采取的主要手段是藉教悟宗，通过五祖弘忍与惠能、惠能与韶州刺史韦璩、武则天的内侍薛简以及法海、法达、智通、智常、志道等弟子之间的问答，循循善诱，兼用逗机锋、解公案和参话头等禅门独特的教法，引导人们突破语言文字的局限，超越习惯性思维和逻辑思维，破除我执，觉悟空有不二的佛性基因，见性成佛。

《六祖坛经》中有关悟性的论述随处可见。最引人注目的就是顿悟与渐悟之争。惠能指出:"法无顿渐,人有利钝,故名顿渐。"其意为,对症的药方就是最适合的法门,没有顿渐、高下之分,而人在领悟同一法时,却有快有慢,因此而有顿、渐之说。更重要的是,顿、渐并非是两个截然不同的法门,顿悟以渐悟为基础,渐悟到一定程度才能发生顿悟,正如《妙法莲华经文句》(简称《法华文句》)云:"渐顿者,修因证果,从体起用,俱有渐顿。今明起用,用渐为权,用顿为实。若非渐引,无由入顿。从渐得实,故称叹方便。"(T34.38a)神秀"时时勤拂拭"的渐悟方法对初学者而言很适用,不应否定其作用;修到一定的程度,惠能的"本来无一物"之顿悟法门才能发挥其巨大的能量。正如清代陆世仪在《思辨录辑要》中说:"人性中皆有悟,必功夫不断,悟头始出。如石中有火,必敲击不已,火光始现。"

(三)心性——成佛的土壤

《六祖坛经》从抽象的"佛性"入手,说明众生皆有佛性,是成佛的基因,悟性则是成佛的种子,最后惠能花费大量篇幅论述怎样才能成佛。正如赖永海所说:"人们学佛的目的,就是要体证佛性,返归本体。因此，在佛教学说中，作为抽象本体的'佛性''实相'，既是出发点，又是落脚点。"《六祖坛经》主张将悟性的种子种植在众生的心田中，佛性种子才能生根发芽，茁壮成长。见性成佛必须从自心入手。五祖弘忍对惠能说："不识本心，学法无益。"如何才算识得自心？惠能说："自性能生万法。"心念可分为"妄念"与"正念"两种。妄念令人起惑造业而成凡人，正念使人悟入般若空性，见性成佛。凡、圣全在一念间。心迷时执着于身外之物，为其所累，这就是"心迷法华转"的道理。人迷时需要大善知识开导。惠能因而说："迷时师度"，一旦觉悟了，"悟时自度"。自性自度，自净其意，人人皆可成佛，是《六祖坛经》修道的最大特色，这把人生的解脱从佛性、真如、如如等抽象的哲学思辨拉回到现实人生。对"本心"的认识，成为惠能顿悟解脱法门的理论基点。

四、《六祖坛经》的现代意义与价值

作为东方思想代表的孔子、老子与惠能的塑像，并立于英国大不列颠图书馆内，供世人瞻仰。

这表明中华文化具有永久生机和活力。《六祖坛经》中继承与创新、自性自悟、知行合一、出世与入世、不执着和活在当下等思想，在今天仍有很大的现实意义。

首先，尽管惠能主张"不立文字"，但并非否定文字的功能，"若不识法意，自错犹可，更误他人；自迷不见，又谤佛经"。事实上，惠能特别强调传统的藉教悟宗的教育法，常引用佛经开示弟子：为无尽藏比丘尼（T48.349c21-28；T48.356c26-357a23）、志道（T48.356c26-357b11）、志彻（T48.359a2-359b11）讲解《涅槃经》，为法达说《法华经》（《妙法莲华经》的简称），阐述"心迷法华转，心悟转法华"之深意（T48.355b8-356b25），为智通释《楞伽经》（T48.356a26-356b22），解答永嘉玄觉禅师学习《维摩诘经》时的疑惑（T48.357b29-358a9），为内侍薛简阐述《净名经》真谛（T48.359c13-360a16）。不仅如此，六祖还教诲法达，应是"心悟转法华"，而不是"心迷法华转"，今后便可继续持诵《法华经》。法达"从此领玄旨，亦不辍诵经"。（T48.356a24-25）

与此同时，惠能并未墨守成规，死守经典，而是在讲法时有所创新，对此岸、彼岸、坐禅、授戒、佛性等，都有自己独到的解读，尤其是对净土的新解，令人耳目一新，致使不少学者误以为非惠能所说。《阿弥陀经》确实说过："从是西方过十万亿佛土，有世界名曰极乐。"（T12.346c11-12）迷人以此为依据，坚信西方极乐世界是在十万亿国土外的西方。惠能则认为，这是心外求法，有违"道由心悟"的修道原则。惠能针对这一执着指出往生净土的要诀，"迷人念佛求生于彼，悟人自净其心"。修学净土应从自心入手，逐步去除心中的烦恼。烦恼减一分，净清增一分，智慧长一分。等到心中十万八千种烦恼尽除，清净的心显现，如实观照宇宙、人生真相，随缘而行，当下就是净土。从这种意义上讲，惠能的净土观是把人们从心外求法拉回到内心悟道，以心中烦恼的数量决定一个人与西方极乐世界的距离，科学而形象，使人容易入手修行。这种方便教化众生的方法，不但没有否定净土法门，反而为修净土之人开启了一扇切实可行的法门。惠能的这种创新精神与能力，对现代人仍具有巨大的借鉴作用。

其次，《六祖坛经》以"即心即佛"打破了人与佛之间的界限，说明佛在人间，佛在心中，"不悟即佛是众生；一念悟时，众生是佛"。众生与佛的根本区别就是一念之间的迷与悟。《六祖坛经》以当下这一念巧妙地将《楞伽经》的"自性清净"思想与般若经典中的空、有不二的"中道实相"结合在一起,以"凡夫即佛,烦恼即菩提","前念迷即凡夫,后念悟即佛","前念著境即烦恼,后念离境即菩提"等教法,阐释禅修的关键是当下一念的转迷成悟。一切佛法都在人自心之中,佛也不例外,以此启迪人们的自觉意识,增强世人自我解脱的自信。《六祖坛经》为身处红尘身心疲惫的"俗人",指出了一条自性自悟的精神解脱之路。

另外,《六祖坛经》多次强调修道要知行合一,"口但说空,万劫不得见性,终无有益"。对真如、自性、般若、实相、涅槃、菩提、法身、本性等名相,不少人越学习越有兴趣,越研究越着迷,觉得佛法义理博大精深,妙不可言。其实,佛教的名相如同饭店中的菜单,只研读而不用心体会,无法从中受益。"知"是一回事,"行"又是一回事。知(学)的目的在于行(习),行是知的归宿和落脚点,知行同一方近于道。只有做到了王阳明(一四七二——一五二八)所提倡的"知行合一",才能真正拥有般若智慧。这对今天迷恋各种书本知识与概念的人们仍有很大的现实意义。

最重要的是,《六祖坛经》采用佛陀的分析法,说明世界万物都是由五蕴、十二处和十八界(即三科)等元素组合而成,根本找不出一个永恒不变的实体,故执无所执;接着惠能又以三十六对说明烦恼与菩提、是与非、善与恶、成与败等概念、名相皆相对而存在,以此否定人们非此即彼的思想方式,"出没即离两边","二法尽除",中道实相显现;最后,连空、清净、佛果等概念皆不应执着,自性空中无一法可得,方能以无念、无相、无住的思维,随缘而住,正念不断,方能见性成佛。《六祖坛经》中这种随缘不执着的教法对现代人仍有借鉴作用:在将我们的理想变成现实的操作过程中,应以因缘为我们进退的依据,因缘不成熟时莫"强求",因缘成熟时应"争取",随缘而行,不执一法,也不舍一法,才是生存、发展与成功之道。

最后,《六祖坛经》将修行落实于生活当下的每一念。五祖弘忍大师在湖北黄梅东禅寺开坛讲学时,常有一千多人跟随他专心参禅打坐。多年后,有些弟子疑惑不解地问五祖弘忍:"老师讲《金刚经》时要求我们发菩提心,普度众生,而实际上您每天让我们参禅打坐,无法与社会接触,哪有机会普度众生？这是否有违大乘佛法利他的宗旨？"五祖弘忍指着深山中的参天大树微笑道："参天大树只有在深山中才能长成，天长日久，才能成为栋梁之材；同样，修行人必须经过一段时间的静修，心有所悟，才能更好地走入人间，教化众生。"

五祖弘忍的话，明确指出了修行与生活的不二关系。学法、持戒、修定如同上培训班，真正的修行是在修行中生活，在生活中修行。六祖惠能进一步指出："一行三昧者，于一切处行住坐卧，常行一直心是也。"在日常生活中，若能学会专注于当下所做之事——行住坐卧、搬柴运水、睡觉吃茶、一举一动，学会"心专一境"，禅味自在其中。禅门的这种修行风格逐渐发展成为"农禅并重"的禅门家风，把挑水、劈柴、种地等都列为修行功课。而今流行的生活禅，更是强调修行没有一定的固定形式，无论是行、住、坐、卧，还是工作、学习、旅游，处处专注，时时无住生心，使禅修与生活打成一片，彻底打通出世与入世的壁垒，对当今和谐社会的建设无疑具有意义。

《六祖坛经》是中国文化史上的里程碑，其深邃的哲学思辨、超然的思维方式早已渗透到宗教、哲学、道德、文学、音乐、建筑、雕塑、壁画、美术等诸文化领域,是一座取之不尽、用之不竭的精神宝库,必将为推动文化发展繁荣发挥其应有的作用。

杂类

《黄帝内经》导读

天佑中华有中医

苏晶

医学博士，现任职于香港大学

《黄帝内经》是中国现存医学文献中最早的一部典籍，它比较全面地论述了中医学的基本理论和学术思想，为中医学的发展奠定了基础。中医学发展史上出现的许多著名医家和医学流派，从其学术思想的继承性来说，基本上都是在《内经》理论体系的基础上发展起来的。因此，历代医家非常重视《内经》，尊之为"医家之宗"。《黄帝内经》所揭示的生命活动规律及其思维方式，对当代以及未来生命科学的研究和发展也有一定的启示作用。

现存《黄帝内经》，包括《素问》和《灵枢》两部分，每部分八十一篇，共合一百六十二篇。《黄帝内经》成编后，《素问》和《灵枢》既有同时传世者，也曾分别流传。张仲景写作《伤寒杂病论》时曾用过《素问》和《九卷》，辑录了《素问》和《九卷》的全部文字。历史上最早给《素问》作注的是齐、梁间的全元起，但其书已佚，仅从王冰的《次注》之中可以窥其一二。现存最早的注本就是唐代王冰的《重广补注黄帝内经素问》，但其原书也已亡佚，现在见到的是经宋人林亿和高保衡整理的版本，被称为《次注》。明清时期，为《素问》作注者较多，如：马莳《黄帝内经素问注证发微》，吴昆《吴注黄帝内经素问》，张志聪《黄帝内经素问集注》，高世栻《素问直解》等。《灵枢》历史上一直以《九卷》之名流传，后晋人皇甫谧撰《针灸甲乙经》称其为《针经》，至唐王冰将其改名为《灵枢》。宋朝史崧以"家藏旧本《灵枢》九卷"，"参对诸书"整理成《灵枢》的定本，称为《黄帝内经灵枢经》，流传至今。马莳的《黄帝内经灵枢注证发微》是《灵枢》最早的注释本。把《素问》和《灵枢》合编注释的有明代张景岳的《类经》。

《黄帝内经》作为重要的医学典籍，其理论体系包含着丰富的思想内容，其主要理论观点如下。

一、阴阳五行学说

阴阳五行是中医学认识世界的基本框架。《内经》认为阴平阳秘是生命存在的前提，古人认为作为天地万物本源的气，具有运动化生的本性。气的运动展开为阴阳五行，整个世界就是以气为内在本质，以阴阳五行为外在形态表现的动态统一系统。万事万物通过阴阳五行联系为一个统一的整体。阴阳学说属于中国古代哲学的范畴，《内经》将其引进医学领域,用以阐释人体生命活动过程和现象中相互对立而又统一的两个方面,指导对疾病病理的认识和诊治、预防。阴阳和平是中医学最高的价值追求。追求宇宙万物的和谐是中华民族的永恒价值观。人之所以生病,根本原因就是气血阴阳的逆乱失调,所以中医的具体治疗原则虽有很多,但都以平调阴阳气血为最后目的。在养生上,调和阴阳,达到和同筋脉、气血皆从、内外调和是最终目标。

二、藏象学说

藏象学说是《内经》医学理论的核心,《内经》根据这一思想建立了以五脏为中心,在内联系六腑、经脉、五体、五华、五窍、五志等,在外联系五方、五时、五味、五色、五畜、五音、五气的五脏系统,形成一个表里相合、内外相关的整体,借相互关联、相互作用的整体医学宇宙观,用以说明人体的生理功能和病理变化。以藏象学说为基础而形成的脏腑辨证是中医认识疾病的基本思维模式。

三、天人合一思想

天地万物由一气所化。中国古人认为气是宇宙和生命的本源，人与天地万物都由气所化生。天与人之间之所以存在着相应的关系，源于天人一气。气是沟通天人万物的中介。气是人与万物生死存亡的根据，是生命的本质。在气论自然观的宇宙图景中，整个宇宙是一个大生命体，是由气所推动的大化流行过程。就人来说，生命取决于气，宝气、养气、调气是养生和治病的根本要求。《内经》基于人与自然、社会的密切联系，建构了天地人"三才"医学模式，使《内经》医学理论能够真实反映人体生命活动的客观过程。这种医学模式重视人与自然、社会的协调，将人与生存环境的和谐、人体心身的和谐视为健康的基本标准，并贯穿于疾病的防治和延年益寿理论与实践之中，这是《内经》对于世界医学的贡献。它与近年医学界提出的"社会—心理—生物"医学模式的基本观点是相通的，其可贵之处是，它已完全融入自己的理论，并作为临床的基本原则和方法实施于医疗活动之中。

四、形神统一观

重神轻形是中医区别于现代医学的基本特征。古人认为,天地万物由气所化生,具体说来,是由在天之气(阳气)和在地之形(阴气)和合而成。就人来说则是形神合一。神是气之功能的极致表现,神本质上也是气。人的生命活动虽然要以形体为依托,但终究以气为本质,气在生命存,气去生命亡。所以古人在生命观上重气轻形。最佳的生理状态应该是形气相得,在病理状态下则是气胜形则生,形胜气则死。因此,与重视人体生理解剖结构研究,从有形的物质存在着眼的现代医学不同,中医重视对无形的生命之气变化过程的研究。

五、独特的生命观

甲、人体观。在古代哲学"精气论""道器观"的影响下,《内经》将人视为精气聚合、离散之器,生命现象是精气升降出入运动的过程和结果,主要是从整体机能活动的方式、方法及其相互联系的"道"的方面,研究生命过程及其机制与规律,提出

"以四时之法成"的生命机能结构学说，"阴平阳秘"与五行生克制化的生命机能稳态学说，"奇恒""回转"的动态生命过程学说，集中体现在藏象、经络、精气神等理论中。

乙、疾病观。在"奇恒常变"观念的指导下，结合丰富的医疗实践，《内经》确立了有关疾病的理论。关于疾病的概念，诸凡饮食起居、劳作情志等一切身心活动反生理之常者，均可使阴阳失调而致病。它不以形质结构及其物量变化的超标作为衡量疾病与健康的单一标准，而是更强调整体机能的紊乱与失常。关于疾病的发生，《内经》以"邪正相争"阐明其机理，以六淫疫邪侵袭，饮食、劳伤与七情失调概括其致病方式，从致病因素与机体抗病能力相互作用的结果，审求其病理意义，即"审证求因"。关于疾病变化的机理，《内经》着眼于宏观、动态地分析其整体机能失调的方式、状态和过程，提出了以脏腑、经络、气血津液病变为基础的疾病传变等理论，成为临床诊病论治的理论基础。

丙、诊治观。《内经》提出审机论治的诊治原则，是辨证论治的雏形。审机，即审察病机，就是通过对临床病症的收集、整理、分析、综合，确定其病变本质。它是对疾病过程中致病因素与机体相互作用所产生的整体机能失调之本质概括，因时而异，因人而别，作为诊断过程，后世演化为"辨证"，于是"证"成为诊断和治疗的关键，由此决定了中医治疗学的基本特点是在整体机能协调的基础上，将治疗个体化，强调治患病之人；提倡各种方法配合应用，强调综合疗法；在治人与治病的关系上，更重视人；在整体与局部、机能与形质关系的处理上，更重视整体、重视机能；对病变共性和个性的关注上，更重视个性。在对疾病的预防上，提出以增强体质为核心的健身防病思想，有效指导了各种自我健身法的实施，在世界保健医学上独树一帜。

《黄帝内经》医学论著写作于诸子百家学术争鸣的年代，与诸子之学相互唱和，对诸子学多有吸收，并深受其影响。从《内经》文本看，黄老道家、《周易》与《内经》关系最紧密。它还广泛地吸收了天文、历法、地理、气象、生物、社会、心理、哲学等中国古代传统的人文、自然等多学科的研究方法与成果，说明医学科学与其他自然及人文学科之间的密切联系，是一部关于哲学和自然科学的综合著作。西方有的医学家认为与其说医学是自然科学，不如说是社会科学更为合适；与人有关的学科就不是自然科学所能涵盖的，必然蕴含着社会文化的内容。中国古代的医学家从来没有把医学看成是孤立的为医学专家所垄断的专门学问，而是把它放在天地自然和社会文化的大视野中来思考。所谓"道者，上知天文，下知地理，中知人事，可以长久"(《素问·气交变大论》)。这种学科间的联系、渗透、融合，正是中医学至今仍有强大生命力的根本原因。《内经》的医学理论之所以与诸子百家之学有着如此密切的关系，是因为中国古代的学术是一个统一整体。中国古代的学问并不像源自西方的现代学术那样有明显的学科划分，而是存在一个普遍的大道贯穿于一切学术之中。不同的学术都是这同一大道的显现。古人把包括人在内的整个宇宙看成是一个大生命的流行化育过程，一切学问都是对这大生命流行化育的揭示，医学与其他学术之间并不是外在的关系，而是内在统一的，都是关于生命的学问。

本书〔指中华书局（香港）有限公司出版的"新视野中华经典文库"之《黄帝内经》〕的编写目的，是在中华传统文化大背景下，介绍《黄帝内经》有关生命的认识。对原文的选录，以北京中华书局姚春鹏本为底本，进行增减，选择了最能反映中医学术思想特点的篇章或段落，对于比较具体论述疾病或理论内容深奥的部分则略去。通过"导读、注释、译文、赏析与点评"等为读者提供阅读门径与参考。本书《素问》卷根据《重广补注黄帝内经素问》(四部丛刊上海涵芬楼影印本)校订,《灵枢》卷根据《灵枢经》(商务印书馆一九五五年重印本)校订。《黄帝内经》与中国古代文化是一个博大精深的整体,理解《内经》的医学也必须进入中国文化这一大背景才行。因此,在注释时多引证诸子之言,以加深对《内经》思想的理解。古人讲做学问要懂得溯本求源,既要知其然,更要知其所以然,这样才能把学问贯通起来,才是真学问,因此,在注释某些词语时,阐明其词义由来的逻辑关系,力求使读者逐渐养成求索语源、贯通学问的习惯,才能进入中国医学这一智慧的殿堂。

人类在探索未知世界时,最难认识的就是人类自己,人是既开放而又相对封闭的复杂系统,生命活动不仅随着自然界时空的变化而改变,同时要承受人类改变自然、征服自然所带来的结果,如环境污染、气候暖化、辐射侵袭;还要面对社会发展带来的精神压力、物欲膨胀、内心失衡,这是全人类共同面对的挑战,二〇〇八年《黄帝内经》学术研讨会在香港举行,海内外的专家对这部中医学的奠基之作给予了高度的评价,来自伦敦大学的马堪温教授将《黄帝内经》的核心理念概括为重生、尊生、保生六个字,道出了沉淀五千年的东方文明对生命及生命规律的认知心路,也开阔了我们面对未知疾病时的防治新思路。

重生:在《黄帝内经》的开篇《素问·上古天真论》首论生命的重要,称养生得道的人为"真人""圣人""贤人""至人"。提出"法于阴阳,和于术数,食饮有节,起居有常,不妄作劳"的养生方法,告诫人们"外避虚邪贼风,内养精神情志",主张"恬淡虚无,真气从之,精神内守,病安从来"的养生原则。

尊生:尊重生命,就是尊重生命的规律,生长壮老已是生命的客观规律,中医的理念是根据生命活动的不同阶段特征进行调养,如:青少年时期,健康成长;中年人要保证其精力旺盛;老年人要减少疾病,提高生命质量,健康长寿。尊重生命,还要尊重生命赖以生存的客观环境,"人以天地之气生,四时之法成","人法地,地法天,天法道,道法自然",提倡顺从自然规律的和合天人观,而不是征服自然、改造自然,更不是战胜自然。

保生:中医强调治未病,包括在未病之时加以防范；已病之初及早治疗，防止传变；无论是疾病的诊断，还是治疗用药，均以保护人体的正气为核心理念，尽量采用平和的方法，在不破坏人体基本生理活动的前提下，帮助人体恢复健康。阴平阳秘，正气存内，病安从来？

在中国古代先哲看来，只有对天地宇宙有一个正确的认识，养成高尚的道德人格，建立一种合理的生活方式，才是保持身心健康、免除疾病困扰的关键所在，才是"跻斯民于仁寿"的恒久之道。所以从一定意义上说，《黄帝内经》给我们的启示是一种积极的生活方式，是一种生存的智慧。

《淮南鸿烈》导读

宇宙人生系统的精微智慧

潘树仁

香港中知书院客座教授，
人文学会客座教授，
香港专业教育学院客座讲师

自古读书人和学术界都把《淮南鸿烈》一书视为道家哲学理论的总览，或者是一本记录杂家思想的百科全书。对比《吕氏春秋》这部百科全书，《淮南鸿烈》的内容独特，涵盖了天、人、地、神祇、万物等等，建构出一个相关而紧扣的系统，并且阐述了"道"的核心、开展和应用三方面的状况。书中以天文、山林、精神、兵略等事物来阐释大道，贯通天道与人事，有别于《老子》那样讨论道学，也不同于《庄子》用比喻和故事来说明大道的哲学。"道"的哲理是远古中华文化的开端，当时并没有道、儒之别。有一句话说"推儒备道"，意思是推行儒家思想，也要装备道学的依据，故此读者一定要理清这个基本点，才可容易地掌握整个中华哲学的根源，这就是本书〔指中华书局（香港）有限公司出版的"新视野中华经典文库"之《淮南鸿烈》〕要特别呈献的"新视野"。

本书会用修养身心的视野，助你寻找生命的意义，并且让你轻松地投入书内，游走于文字之间，与该书的众多作者前辈精神交往。本书亦会发掘书中的学问及现代实用的部分，让你感悟大"道"哲理的思维方式及其核心，以此应用于日常生活之中，甚至应用在职场的管理工作里。

一、书名、作者及成书

《淮南鸿烈》成书于西汉，原名《鸿烈》，"鸿"是庞大、巨大的意思；"烈"是"明"及阐明、说明的意思。此书是先辈的伟大功劳，后世多称之为《淮南子》或《淮南鸿烈》。至于"淮南"一名，乃源于其编者淮南王刘安（前一七九—前一二二）。刘安是汉高祖刘邦的孙子，他与数千人的智囊团（古称食客或方术之士）一起撰写编纂《淮南鸿烈》，大约在吴楚七王叛乱至汉武帝登位期间成书。刘安的父亲刘长在汉文帝时计划叛变，被发现后遭到流放，最终自杀而死。有学者便认为《淮南鸿烈》编书的时间应该早在刘长时代，刘长为了谋夺江山寻找治国之道而编撰的。刘长死后，刘安及其兄弟没有受到牵连，刘安更获文帝册封为淮南王。《汉书·淮南衡山济北王传》记载刘安：

> 淮南王安为人好书，鼓琴，不喜弋猎狗马驰骋，亦欲以行阴德拊循百姓，流名誉。招致宾客方术之士数千人，作为内书二十一篇，外书甚众，又有中篇八卷，言神仙黄白之术，亦二十余万言。时武帝方好艺文，以安属为诸父，辩博善为文辞，甚尊重之。

刘安搜集秦始皇时代散失和秘藏的书籍，加以辑录和整理。《淮南鸿烈》成书之后，刘安便把此书献给汉武帝，以表明期盼国家昌盛和谐，当中卷二十一《要略》便明确指出希望达到"纪纲道德，经纬人事"，"天地之理究矣，人间之事接矣，帝王之道备矣"，认为要以天地的大道为准则，来维持正确的社会道德秩序，维系人们伦理关系的和谐，作为民众的共同目标。该书编写整理的时代，正值西汉初年文、景之治，当时统治者以道家自然无为的思想作为统治国家的指引，期望人民在战国和秦国的战祸后，好好休养生息，于是大力鼓励社会各阶层研究及熟读道家书籍。

《淮南鸿烈》原著有"内书"二十一卷、"中篇"八卷及"外书"三十三卷，内容庞大博杂。当中的"内书"是现存流通的版本，讲解天地大道与社会人事等哲思；"中篇"主要记录修炼神仙的技法，以及驱神除鬼等法术；"外书"已佚，内容已不得而知。清人茆泮林和叶德辉各自收集了一些片段，都是中篇和外书的零星佚文。东汉的高诱曾进行注解，他在《淮南鸿烈集解》的序言中说：

言其大也，则焘天载地，说其细也，则沦

于无垠，及古今治乱存亡祸福，世间诡异瑰奇之事。其义也著，其文也富，物事之类，无所不载。

由此可见，《淮南鸿烈》不但论述了宏观的宇宙，还蕴含了皮毛纤小的事，以及奇异怪诞、精彩的事物，而且文辞丰富瑰丽，因此被誉为"构思精密，构想奇特，构造完备"的巨著。

二、历代研究

最早为《淮南鸿烈》作注解的有高诱和许慎，可是后来文稿杂乱了，令人分不清哪些注解出自谁人。不过，《淮南鸿烈集解》仍然是最重要的早期版本。在宋明时代，虽然《淮南鸿烈集解》广泛流传，却没有重大的校正。到了清朝，考据学鼎盛，研究者对《淮南鸿烈》作出了仔细的校勘，当中乾隆年间的庄逵吉版本较受欢迎，而朴学大师王念孙对此亦有严谨的校对，其文记载于《读书杂志》。清末则有俞樾的《诸子平议》和孙诒让的《札迻》，他们继承了王念孙的方法，再加以改进和补充。现代学者于省吾的《淮南子新证》和杨树达的《淮南子证闻》都作出了详细的考证阐释。至于刘文典编撰的《淮南鸿烈集解》，勘对广阔，搜罗详尽，被胡适赞扬为"总帐式"，成为重要参考书。至于较近期的出版有何宁《淮南子集释》、张双棣《淮南子校释》和顾迁《淮南子译注》等，作品各有特色，如果合并起来阅读，则可达到更深入的效果。此外，许匡一所著的《淮南子全译》运用了音韵通转解释文字，理据有力，并提出了具启发性的解读。要研究《淮南鸿烈》，也可以从其他渠道获得思想内涵，例如徐复观的《两汉思想研究》、牟钟鉴的《〈吕氏春秋〉与〈淮南子〉思想研究》和葛兆光的《中国经典十种》等。

历代对《淮南鸿烈》的研究都有丰富而多角度的观点，值得读者参考。例如宋代史学评论家高似孙在《子略》中评论此书："淮南，天下奇才也。《淮南》之奇，出于《离骚》；《淮南》之放，得于《庄》《列》；《淮南》之议论，出于不韦之流；其精好者，又如《玉杯》《繁露》之书。"至于研究的主题，主要是研究当中的道家思想和先秦各种杂说两大类。

三、心身修炼

基于开拓新视野,必须重提先秦时人们读书学习的模式,而修炼就是他们学习的重要部分,例如颜回有"坐忘"的功夫,管子亦提到"动则失位,静乃自得,道不远而难极也"。只有静虑、静观、平静,才易于悟道。明代大儒王阳明教导学生半日静坐半日读书,思辨和读书不能过于消耗体能,他认为修炼可以提升体内的正能量,这样才有机会发挥智慧潜能。

《淮南鸿烈》书中有八十四个"静"字,数量颇多,读者阅读此书时,可以心身修炼为切入点,在松静的状态下,直接感悟书中的道理。关于心身修炼,看似道家最为注重,其实在上古至西汉初年,读书人都会把修养功夫贯彻于书本的学问中,二者不会分割开来;而且儒、道尚未分家的时候,中华文化便采用"道""易道"或"大道"等词汇开展古人的哲学理念研讨,并且会系统化地观察万物。一直以来,修炼的技巧以导引术为主流,有外导引的"引体"动功,其次是内导引的"行气"静功。道家学者较注重修炼的技术,多研究身体的健康和变化过程,墨家则侧重个人生活上之刻苦修炼,其他诸子派别则以论述思辨"心性之学"为主,"心斋"或

"坐忘"的功夫则放于次要的位置。对于心性的哲理探求，向来有不同的学说，人的心理变幻多端，可善可恶，要修养心境，应多读善书经典，这必然对人有所帮助，这就是古人所讲的"心广体胖"。

在《淮南鸿烈》一书中，亦多处提到修炼养神的重要性及作用，例如《泰族训》说："治身，太上养神，其次养形；治国，太上养化，其次正法。"这里很清楚地指出修炼比治国更为重要。其实治理个人自身，根本就是"养神"的气学精神修炼功夫，精神境界的提升可使身体健康，提升智慧。有了健康的身体，便可以把事情做得更好，而且在身心提升的过程中，也可以感悟变化的道理，对治事治国都有帮助。治国的最高目标，是引导和教育人民修养道德及维护公义，从而让每个人的气质有所变化提升，内化而达到有道德修养，成为一位良好的公民。至于法律则较为次要，只有阻吓的功用。这就是传统"身国同治"的修炼方向。此外，《淮南鸿烈》对于修炼亦有一些见解，如《齐俗训》说："今夫王乔、赤诵子，吹呕呼吸，吐故内新，遗形去智，抱素反真，以游玄眇，上通云天。今欲学其道，不得其养气处神，而放其一吐一吸，时诎时伸，其不能乘云升假亦明矣。"这里指出如果"时诎时伸"，没有持久恒常修炼，便没有良好结果。

要读书追寻智慧，必须要内外配合，对外应避免被事物冲昏头脑，对内要稳定自己的神气，炼神养气，这样才可以开通闭塞的窍门，明悟天地的真理智慧。《精神训》便重申修炼精神的重要性，并作出提示。虽然《淮南鸿烈》看似没有具体的功法，但当中其实有许多指导性的原则，是高层次的修炼方法，也是内外相合的实践成果。

往后发展的修炼方法有"丹功"或"性命双修"，而道家最后确立了"性命之学"，"性"是智慧心境，"命"是身躯肉体。"性命双修"即是心身同时锻炼，是现代养生文化和医学气功界普遍推行的方向。这种身心并炼的理解，也切合于现代西方身心语言学（NLP）的理论，由此可见中西文化确实有共通的地方。

四、主要思想内容

《淮南鸿烈》的内容丰富，其所涉及的内容包括哲学史、诸子思想、儒道思想的比较、政治主张、神话的理解、文学特质、混沌与宇宙本体、阴阳哲理、人事组织、管理学、天人关系思想、兵学策略等等。当中以"道"为最主要的核心内容。文中的"道"有多种意义，且有不同的引申，读者可加以揣摩，以转化为日常实际应用的道理。

（一）《淮南鸿烈》的"道"

1. "道"是天地万物的本体及整体。

> 夫道者，覆天载地，廓四方，柝八极，高不可际，深不可测，包裹天地，禀授无形。原流泉浡，冲而徐盈；混混滑滑，浊而徐清。（卷一《原道训》）

"道"包罗了天地所有事物，是万物的本体及整体。现代人在抉择人生道路时，不要只考虑个人的生命本体意义和价值，还要顾及整体性，包括家庭和亲友，以至社会和国家，甚至是人类和宇宙大历史的宽广层面。

2. "道"是宇宙的创生源头，是联系着天、人、地的主轴。

> 夫精神者，所受于天也；而形体者，所禀

于地也。故曰："一生二,二生三,三生万物。"(卷七《精神训》)

"道"是宇宙的源头,它生成了一,一是天,二是地,三是万物。"道"又是联系着天、地、人的主轴,人的精神灵性乃来自天的最完备能量,而人的形体结构则符合大地;人类顶天立地,管理着大地的物类,"道"可以在宇宙人间循环运行,生生不息。在现代社会,人们常常热烈地谈论环保的问题,提倡节俭消费,其实当中的核心原则便是人与天地的关系。天、人、地是互相联系的,人类的举措除了会直接影响到天空和大地外,也会影响未来,因此人必须维护宇宙创造时的自然生态,才不会破坏天、人、地的循环秩序。

3. "道"是宇宙和所有事物的运行规律、范围及进行程序。

夫太上之道,生万物而不有,成化像而弗宰,跂行喙息,蠉飞蝡动,待而后生,莫之知德;待之后死,莫之能怨。(卷一《原道训》)

"道"虽然衍生了万物,但却不是万物的拥有者,也不是物质的本身,它只是生产过程中所运行的规律。然而一切生物都不能离开大道的范围,没有大道的方程式,就不能有生生死死的循环系统。在道的运行下,春夏秋冬四季活动正常,动植物的生长可得到优良的培育,可是在现代社会中,许多人为的活动都扰乱了大道的规律,例如工厂在生产过程中所产生的污染物造成了酸雨,影响生态;又如人类大量使用化学饲料、防腐剂等,导致肉类和蔬菜受到污染,人类食用后便会影响健康和体质。这些都是人类自己惹的祸,破坏了大道的活动规律。

4."道"是宇宙最高最终的哲理、真谛和真理。

> 太清之始也,和顺以寂漠,质真而素朴,闲静而不躁,推移而无故,在内而合乎道,出外而调于义,发动而成于文,行快而便于物。其言略而循理,其行悦而顺情,其心愉而不伪,其事素而不饰。(卷八《本经训》)

在宇宙的开始,"道"展示了最高最终的哲理状态:它和顺、寂静、质朴,闲逸宁静而不急躁,任凭事物自然推演。而圣天在内会配合大道的不变原则,在外演化成仁义,少言而合于大道天理,顺应人情,不做虚伪的行为,自然朴素而不用修饰。当人顺应这种自然态势运动,必定会增加大智慧,获得幸福美满的人生。

5."道"是最高尚的道德规范。

> 圣亡乎治人,而在于得道;乐亡乎富贵,而在于德和。知大己而小天下,则几于道矣。……是故得道者,穷而不慑,达而不荣,处高而不机,持盈而不倾,新而不朗,久而不渝,入火不焦,入水不濡。是故不待势而尊,不待财而富,不待力而强,平虚下流,与化翱翔。(卷一《原道训》)

"道"是最标准最高尚的道德规范,是人类修养德行的规矩法则。这就像正确而无形的人生大路,人如能走在此路,便是有道德的圣人。圣人不在乎能否坐上高位管治人民,而是希望得到高尚的道德;他们不会因为获得财富而快乐,只希望以良好的德行修养与大众同乐。此外,他们明白修养高尚的道德才是正确的人生大路,这比得到天下的名利更为重要,即使贫穷,他们也不会慑服于名利的诱惑和武力的威吓之下。假如名利增多了，他们不会炫耀个人的光荣，反而会在没有特殊势力的情况中获得别人的尊敬。即使没有巨大的财富，他们仍能够运用充足的资源服务社会人群。这种不为名利的人生目标，启示现代人必须重新思索自己应该选择和开拓哪一条人生新道路。

6. "道"是万物的自然活动力量和潜能。

> 是故圣人守清道而抱雌节，因循应变，常后而不先。柔弱以静，舒安以定，攻大磨坚，莫能与之争。（卷一《原道训》）

"道"是宇宙一切事情和物类的自然活动力量和潜能，人如能守持着清静的大道，修炼着精神养气功夫，不争先恐后，柔弱虚静，便能应变万事万物，有强大的力量，并且获得胜利或达到目标。现代人只要清楚了解自然活动的力量所在，好好培养及发挥潜能，便可在人生路上化险为夷，开拓生命的新道路，成就非凡的功业。

7. "道"是主宰一切的最高力量。

> 故达于道者，不以人易天，外与物化，而

内不失其情。至无而供其求，时骋而要其宿。小大修短，各有其具，万物之至，腾踊肴乱而不失其数。是以处上而民弗重，居前而众弗害，天下归之，奸邪畏之。以其无争于万物也，故莫敢与之争。（卷一《原道训》）

"道"是主宰一切事物的最高力量，人不能改变天理道理，只可顺随。"道"这种巨大的能力无处不在，天下人都信仰（类似宗教式的信仰），而奸邪的人则会畏惧，没有人敢与这种权能争斗。"道"不是简单的神性宗教，它的主宰力量统领着人间和天地的事物。

（二）《淮南鸿烈》的"无为"观

1. 不违本性，顺从自然。

《淮南鸿烈》的"无为"观，并非一般人认为不做任何事的想法，它其实是指不去阻挠身心的自然反应，不去阻碍人性自然的美善，让日常生活更自在。卷一《原道训》说：

> 无为为之而合于道，无为言之而通乎德，恬愉无矜而得于和，有万不同而便于性，神托

于秋豪（毫）之末，而大宇宙之总。其德优天地而和阴阳，节四时而调五行。

意思就是要依从"道""和"，在没有目的及压力之下做事，顺乎身心，让所做的事情合乎大道，不使用做作的言语，发挥出人性自然的美善。因为顺从天性，便会自然遏止不公义的事件发生，或救济弱小社群，这种善良的行为便是真正的功德。

2. 君臣异道，以"无为"驭"有为"。

"无为"同样用于治国，君主必须用"无为"的态度做事和驾驭臣下的"有为"，卷九《主术训》中说：

人主之术，处无为之事，而行不言之教，清静而不动，一度而不摇，因循而任下，责成而不劳。是故心知规而师傅谕导，口能言而行人称辞，足能行而相者先导，耳能听而执正进谏。

君主应实行无为之治，不须以言语说教，只需循着自然法规来任用下属，以自己的言行作模范，教导朝臣和老百姓，坚守不干扰方式。君主依法治国，选用贤臣明士，避免动摇群臣依法行事的工作方针，各人都负上应有的责任，国君就能达到无为而治的境界，国家也会一片祥和融洽。

现代人开始崇尚返璞归真的自然无为生活，不过部分人只明白外在的大自然，没有反观自身中的自然天地，其实人们应顺着体内的小天地，配合大天地，自然地活动起居，令生命舒畅，这样才是真正的无为而为。本书将会提供这方面的解读，让人们从新的视野阅读经典，找回自然无为的道理，从而兼顾内外合一，天人合德，通达心身天人一体的大道。

五、用语赏析

现在流行的版本，全书共分二十一卷，实际有二十篇，上册有十三篇，下册有七篇，相传上册为高诱所注，下册为许慎所注，故有上下分册的编排，最后一卷为《要略》，即是重要的概略大纲，总括了全书的内容。大纲放在最后，是汉代以前的方式，例如《史记·太史公自序》也是如此编排的。

语言文字是重要的表达方式，读者不妨研究《淮南鸿烈》的用语多寡，以探讨文章想表达的深层义理。全书共十五万八千多字，平均一卷约七千五百四十五字。最长一卷是《人间训》，共一万二千六百余字，最短一卷《览冥训》，共三千六百多字，超过一万字的有四卷。相比之下，《老子》只有约五千字，《淮南鸿烈》比它的字数多三十倍，也比《庄子》多逾一倍。此书大部分内容都在《老子》及《庄子》之上有所发展，是研究道家思想的重要著作，不可忽略。以下统计了《淮南鸿烈》的字词使用次数，可供大家参考：

	字词	使用次数
人名	老子	五十七
	孔子	五十二
	舜	五十二
	尧	四十七
字	道	六百一十六
	心	三百〇六
	德	三百
	义	二百二十二
	气	二百二十一
	性	一百七十三
	和	一百四十六
	礼	一百四十二
	仁	一百一十四
词语	君子	七十四
	天子	六十二
	仁义	五十六
	精神	三十九
	道德	二十八

笔者非常重视此书使用文字的技巧，而现代西方亦设有语言分析哲学的科目，如要深入了解和研

究《淮南鸿烈》的文字，将会牵涉到很多相关的问题，例如该时代的语言结构、对文字的理解等，因此笔者在这里只能作一个引子，希望引起读者留意，然后作出深入的探讨。从表面的词语应用数量观察，本书倾向于展现道德仁义君子的大道，并且希望审视人类哲理的源头，引申出中华传统文化"道"的本体。

六、《淮南鸿烈》的现代价值

经典的存在价值在于它蕴含先贤的智慧，而这些智慧对于现代社会仍然非常有用，具有现代的价值，故此很多人争相研读经典。只要懂得基本的"大道"哲理思想，便可以明悟《淮南鸿烈》内所述说的智慧，并能加以运用。

现代社会重视物质享乐，万物纷陈；另一方面，人们又用法律条文控制人的外在行为，割裂人的身心联系，更切断了人与天地的关系，而《淮南鸿烈·原道训》却清楚指出：

> 万物有所生，而独知守其根；百事有所出，

而独知守其门。故穷无穷，极无极，照物而不眩，响应而不乏，此之谓天解（即知晓天然的道理）。

人们身处庞大而复杂的现代社会，要找出应对的办法，可从《淮南鸿烈》得到启示。这里用广阔的事物把人与社会的事件联系在一起，提醒人要回归与大道一体的亲密关系，并要明白万事万物的根本在于"道"。当面对百事变迁时，要懂得守着门户，即抓紧道的原则作为行为的指引，从而解决现代人面对的大量困扰。

此外，卷五《时则训》又提到：

> 绳者，所以绳万物也。准者，所以准万物也。规者，所以员万物也。衡者，所以平万物也。矩者，所以方万物也。权者，所以权万物也。

"规、矩、准、绳、权、衡"是六种规范标准，很多人就认定规矩准绳是科学的标准，于是坚持作为个人的价值判断。然而《淮南鸿烈》却提示现代人，不可单一使用客观科学的标准，而要因应时间和空间，兼顾当时社会的大众公义价值，权衡各方面的相关情况，并作出恰当的调整和配合，以得出最合适的选择。

另一方面，现代人忽略保养心身健康、修炼养静的方法，同时又面对林立的商品，以及种种引诱人们尽情吃喝玩乐的营销广告，结果导致精神消耗。人们浪费金钱之后，又拼命赚钱，耗费了精神健康。卷七《精神训》中说：

> 静则与阴俱闭，动则与阳俱开。精神澹然无极，不与物散，而天下自服。故心者，形之主也；而神者，心之宝也。形劳而不休则蹶，精用而不已则竭，是故圣人贵而尊之，不敢越也。

这里道出了古今人们的状况，以及圣人如何避免"蹶"与"竭"。现代人必须反省一下养静修炼的功夫有没有现代的价值，以及精神的价值与物质带来的短暂快乐，哪一种有较高价值。

除了修养心身外，《淮南鸿烈》中有关君主与臣下关系的思想，也对现代人在管理公司或待人接物时有借鉴的价值。卷九《主术训》说：

> 夫人主之听治也，清明而不暗，虚心而弱志。是故群臣辐凑并进，无愚智贤不肖，莫不尽其能。

现代教育水平不断提高，管理人员大多都有很高的学历，不过人总有弱点，视野上或许会有所疏漏，故公司的总裁或总经理必须"听治"，多聆听各方面的意见，保持清明的心境，虚心请教老前辈的意见，切忌恃才傲物；此外，也不可随便显露个人的观念和计划，应先让下属表达不同的见解，"无愚智贤不肖"，不计较他以往是智是愚，对事不对人，因为下属随时会有最优秀的方案。

最后，如卷一《原道训》所说："是故天下之事，不可为也，因其自然而推之。万物之变，不可究也，秉其要归之趣。"这里提醒人必须细心观察事物的"自然"进化过程，以了解事情发展的结果。人类的智慧，永远都不可能彻底明白万物改变的机制，人只需让事物自然地继续演变，以了解未来发展的趋势，这样才更为重要。

《颜氏家训》导读

辨时俗之谬,述立身之法,育通识之才

李小杰

复旦大学中国现当代文学博士,任教于中山大学南方学院宋人陈振孙在《直斋书录解题》一书认为《颜氏家训》："古今家训，以此为祖。"①的确，历代统治者对《颜氏家训》非常推崇，后世广为征引，反复刊刻，可谓影响深远。故此，对《颜氏家训》的研究也有不少，可分为教育思想、伦理道德、版本和文论研究四种。大陆方面以研究教育及家庭伦理为主，自二十世纪八十年代迄今有四十多篇，大多对颜之推的教育方法持认同意见，认为《颜氏家训》对现代教育有参考价值。②而台湾研究者在关注《颜氏家训》的家庭伦理之余，还对其版本及资料爬梳做出贡献。周法高在一九六〇年写就《颜氏家训汇注》，尤雅姿在二十世纪九十年代发表版本和思想方面的研究③，台湾交通大学吕棋昌根据不同版本作出颜氏家族的世系表，为后人研究提供方便。日本六朝文学研究素有传统，其汉学界比较注重《颜氏家训》中的文学论。铃木虎雄早在一九二七年在《中国诗论史》就有所论述，另有

---

① 陈振孙:《直斋书录解题》(上海：上海古籍出版社，一九八七年)，页二〇五。
② 如二十世纪八十年代有周国光的《颜之推的教育思想》，见《贵州社会科学》，一九八四年第二期；九十年代有杨明的《颜之推的家庭教育思想》，见《华夏文化》，一九九六年第三期。
③ 如《颜氏家训版本研究》《颜氏家训伦理思想述要》等。

林田慎之助的《颜之推的生活与文学论》，兴膳宏《六朝文学论稿》中的《颜之推的文学论》。近年中国大陆各大高校的硕士、博士论文仍不脱以上三种套路。虽有如许汗牛充栋之研究，可是对《颜氏家训》的现代诠释仍然罕见，实为遗憾。故此，此文从当下社会现象出发，探讨《颜氏家训》在社会道德与通识教育等问题上，对当今社会所起的借鉴作用。

近年，频闻"怪兽家长"出招①，令前线教师百上加斤，过分保护子女的"直升机父母"垂直监视②，使自理能力甚低的学生更显"宝贝"。同时，又惊闻社会上各种食物安全及道德问题。社会种种光怪陆离的现象背后，令人不禁疑惑：这个社会怎么了？塑造社会各色人等素质的教育是否出现了问题？

重视家庭教育，是中华民族的优良传统，我国早

---

① "怪兽家长"一词来自日本，意思是屡次对学校提出无理要求、妨碍正常学校管理的家长。香港屈颖妍著有《怪兽家长》一书，探讨此现象。屈颖妍：《怪兽家长》（香港：天行者出版社，二〇一〇年）。

② 指某些"望子成龙""望女成凤"心切的父母，就像直升机一样盘旋在孩子的上空，时时刻刻监控孩子的一举一动。

在周朝便出现了"家训"①。《颜氏家训》问世后，历来为人们推崇。宋代晁公武称是书："述立身治家之法，辨正时俗之谬，以训子孙。"明人傅太平在其刻印本《序》中说："盖《序致》至终篇，罔不折衷古今，会理道焉，是可范矣。"清人赵曦明在《抱经堂丛书·颜氏家训跋》中，誉其为："苟非大愚不灵，未有读之而不知兴起者。"无论是"立身治家之法，辨正时俗之谬"，"罔不折衷古今，会理道焉，是可范矣"，还是"读之而不知兴起者"，都把家庭教育放在"修齐治平"这个至高位置，与当代家长以"消费意识"要求学校包办学生升学操行的观念，迥然不同。《颜氏家训》在今日的意义，不仅仅是规范世人，振奋人心，更重要的是向世人展示家庭对道德与教育的主动承担。

一、道德的荒原：以无耻对抗无耻

"这是最好的时代，这是最坏的时代。"中国过

---

① 中国家训的滥觞可追溯至周公家训。春秋战国、秦汉、三国也是传统家训的发轫期。直至汉代才出现单篇的家训文献，如汉代班昭的《女诫》、蔡邕的《女训》，东汉马援的《诫兄子严敦书》、郑玄的《诫子益恩书》、王僧虔《诫子书》、三国诸葛亮的《诫子书》等，其篇幅不长，往往因事生教，一事一议，因而对后世的影响，均无法与颜之推所撰的《颜氏家训》相提并论。

去五十年发生了不少匪夷所思之事,追本溯源,多言"文革"十年对中国伦理破坏甚巨,流弊影响至今。季羡林在《牛棚杂忆》自序中反思:"这些坏人比好人有本领,'文化大革命'中有一个常用的词儿:变色龙,这一批坏人就正是变色龙。……我甚至怀疑,今天我们的国家和社会,总起来看,是安定团结的,大有希望的。但是社会上道德水平有问题,许多地方的政府中风气不正,有不少人素质不高,若仔细追踪其根源,恐怕同'十年浩劫'的余毒有关,同上面提到的这些人有关。"① 如今大陆有"不是老人变坏了,而是坏人变老了"之说,正是针对这些人而言。②

最近几年,处处可见中国复兴的成绩,同时也发生了不少颠覆中国人传统道德伦理之事,如

---

① 季羡林:《牛棚杂忆·自序》(北京:外语教学与研究出版社,二〇一〇年)。

② 季羡林在《牛棚杂忆·自序》中认为反省不够,不无担心后代可能受到影响:"这场空前的灾难,若不留下点记述,则我们的子孙将不会从中吸取应有的教训,将来气候一旦适合,还会有人发疯,干出同样残暴的蠢事。这是多么可怕的事情啊!今天的青年人,你若同他们谈'十年浩劫'的灾难,他们往往吃惊地又疑惑地瞪大了眼睛,样子是不相信,天底下竟能有这样匪夷所思的事情。他们大概认为我在说谎,我在谈海上蓬莱三山,'山在虚无缥缈间'。虽然有一段时间流行过一阵所谓'伤痕'文学。然而,根据我的看法,那不过是碰伤了一块皮肤,只要用红药水一擦,就万事大吉了。"

不搀扶倒地老人，二代的嚣张跋扈、炫富等。有人说这是道德最败坏的时代。于是，不少人选择以无耻对抗无耻。他们认为只有更无耻，才符合这个"过把瘾就死"的时代。人们开始把责任都归咎于群体，越来越多的人沦为"乌合之众"[①]，采取"以无耻对抗无耻"这种软弱的举动来对抗冷漠和释放欲望。

或许，我们对比颜之推所处之时代，再反省自身有没有理由将道德的荒原完全归咎于时代。

颜之推身处一个狼烟四起、兵连祸结的战争年代。南北朝近两百年间，中国共出现九个王朝，分别是北朝的北魏、东魏、西魏、北齐、北周；南朝的宋、齐、梁、陈。臣废君，子弑父，社会动荡不安，人民流离失所。历经三朝，同样身为官二代的颜之推不但没有以门第自矜，反而勘破了时代的重重迷雾，仍用传统儒学的忠、孝、仁、义和中庸之道来"提撕"子孙，教化家庭成员修身齐家。

---

① 法国学者古斯塔夫·勒庞指出，个人一旦融入群体，他的个性便会被湮没，群体的思想便会占据绝对的统治地位，而与此同时，群体的行为也会表现出排斥异议，极端化、情绪化及低智商化等特点，进而对社会产生破坏性的影响。见古斯塔夫·勒庞《乌合之众：大众心理研究》(北京：中央编译出版社，一九九八年)。

颜之推（五三一——约五九五），字介，原籍琅邪临沂（今山东省临沂市），出身于书香门第。西晋末年，九世祖颜含随琅邪王司马睿南渡，是"中原冠带随晋渡江者百家"之一①。至其祖父颜见远，因随南齐的南康王萧宝融出镇荆州，举家从金陵迁居江陵。《梁书·文学传》称颜见远"博学有志行"，而且在梁武帝萧衍代齐之后，"乃不食，发愤数日而卒"。颜之推的父亲颜协，曾任湘东王萧绎的国常侍等职，亦有"博涉群书，工于草隶"之誉。由此可见，颜之推家族不但世代为官，且属侨姓高门之列。

颜之推自幼好学，博览群书，辞采华茂，深为梁湘东王赏识，十九岁就被任为湘东王国左常侍。梁亡，仕于北齐，历二十年，累官至黄门侍郎。公元五七七年，北齐为北周所灭，他被征为御史上士。五八一年，隋灭北周，他又于隋文帝开皇年间，获召为学士。颜之推自叹"三为亡国之人"②，身仕于四朝，可谓屡经世变。但他在晚年

---

① 颜之推《观我生赋》自注。
② 梁简文帝大宝二年（五五一），侯景叛军攻陷郢州治所夏口，颜之推平生第一次成为俘虏。梁元帝承圣三年（五五四）西魏攻陷江陵，元帝被俘杀，颜之推再次被俘，遣送西魏。隋文帝取代北周后，颜之推被太子召为学士。

回首过去，撰写《颜氏家训》之时，不但没有传授厚黑术，反而着重以儒家的伦理道德规范教育子孙，综观《家训》全书，除《序致》篇外，从《教子》至《终制》，涉及以家庭为依托的人的一生，包括伦常关系、风操人格、学习文章、实际应务、养生归心、音辞杂艺诸多方面，但儒学的"修齐治平"的理想始终贯彻在具体的日常生活道德实践中。

有人说中国人的传统道德价值是建立在熟人社会下的耻感文化[①]。顾名思义，所谓耻感文化便是注重廉耻的一种文化心态。这种文化的特征是非常在乎别人怎么说、怎么看、怎么议论。故其行为被诸多的外在社会因素和标准规范所制约、支配。儒家孔孟的思想其实蕴含了耻感形成的伦理道德体系。如《论语·宪问》中说："子曰：'君子耻其言而过其行。'"《论语·为政》言："道之以政，齐之以刑，民免而无耻；道之以德，齐之以礼，有耻且

---

① "耻感文化"，美国人类学家鲁思·本尼迪克特在《菊花与刀》一书中给日本文化类型下的定义，是在区别于西方"罪感文化"的基础上概括出来的，耻感文化也是中国传统文化的重要内容之一。

格。"① 不论是孔子提倡以道德来引导,以礼法来约束人们,还是孟子以"羞恶之心"作为人与生俱来的特性,两者均是儒家伦理道德体系对人所形成的约束。

然而,现代社会打破了以往由大家族组成的规范(Norm)社会,逐渐演变为以小家庭为单位的个人主义社会。群体社会规范的湮灭,个人主义的兴起,标志了儒家文化形成的耻感文化的坍塌,世俗的道德观念因而受到冲击,让"以无耻对抗无耻"这类去耻感化的文化有了生长的土壤。西方虽然也经历了现代化的进程,但是它们仍有基督宗教这种超越的价值系统作为最后一道防火墙,中国由于没有类似的基督教神圣世界,在物质主义和经济发展面前,步步倒退,陷入道德的滑坡。

---

① 体现耻感文化的还有:"邦有道,贫且贱焉,耻也;邦无道,富且贵焉,耻也。"(《论语·泰伯》)把个人的贫贱荣辱和国家兴衰存亡联系起来,把国家的振兴看作自己的责任。这种联系体现了士大夫的使命感和担当精神。孟子则把"羞恶之心"作为与生俱来的人的特性,视之为人之为人的依据。"无羞恶之心,非人也。"明末清初思想家顾炎武也十分重视耻,认为圣人之道就是要"博学于文","行己有耻"。他说:"耻之于人大矣,不耻恶衣恶食,而耻匹夫匹妇之不被其泽。"强调要把抽象的道德原则和框框转化为具体实践,要使人们受其恩泽。总之,儒家把耻感同道德联系起来,认为耻感是成就道德理想的基本环节。

颜之推身处政权更迭频繁的时代，没有抱怨身处的环境，入仕北齐后，他对自己的行为时感愧怍，写有"未获殉陵墓，独生良足耻"①"小臣耻其独死，实有愧于胡颜"等句子②，显示出内心的愧疚与沉痛。不过，颜之推并没有从此沉沦不起，反而"知耻而后勇"，在晚年把自己的经历及思想沉淀成一本有益子孙后代的书，足为后世榜样。

二、错位的教育：拼爹还是拼实力？

颜之推所处时代，自东汉发展而来的门阀制度已臻顶峰，家族如清河崔氏、清河卢氏已历经数朝。东晋南朝的门阀士族为了掌握社会往上流动的资源，竭力维护士庶之间的界限。大多数的士族子弟傲视一切，处处标榜自己门第的高贵与优越，不屑俗务，对于朝代更替不甚留意，唯独百般维护家族的门第与利益。

南北朝讲究出身，现代人依靠父荫。两者同样

---

① 颜之推：《古意》。
② 颜之推：《观我生赋》。

是拼爹的时代。颜之推家也是"中原冠带随晋渡江者百家"之一,属于侨姓高门之列。唯颜之推与今日中国富豪不一样——他们为儿女攒下偌大的身家,希望子孙可以一世无忧,富贵传家。颜之推反其道而行之,所谓"授人以鱼,不如授人以渔",他特别重视对子孙后代的教育。

当代中国教育家,言必称欧美。甚少人知道,中国历史上,其实并非没有本土的教育思想。只是中国的教育思想,缺乏系统的阐述,且往往散见于不同的典籍。《颜氏家训》为当中相对较为系统的著作。在《颜氏家训》之前,虽有王僧虔《诫子书》及三国诸葛亮的《诫子书》等文,但均以规范道德言行为主,除了散见于儒家经典的片言只语外,真正触及教育理论的绝无仅有。至于《颜氏家训》则是相对较系统化的著作,它厘定及肯定了家长在孩子教育上的责任,并进行了较完整的阐述。

中国古代的典籍,早已开始讨论胎教的重要性。《大戴礼记·保傅》:"胎教之道,书之玉板,藏之金匮,置之宗庙,以为后世戒。"胎教,顾名思义,胎教就是对未出世的胎儿实施教育。中国古代胎教之法要求妇女确知自己怀孕之后,就要别处静室,闭门而居，据说这样才能产下生而聪慧、秉性正气、长相端正的婴儿。虽然这种古代的胎教有点故弄玄虚，甚至近乎巫术，但是，近年科学却证实了胎教确实有独特的功效。现代医学、心理学家和教育家认为，所谓对胎儿实施教育，其实是刺激胎儿的感觉器官，促使其迅速发育成熟，增进对事物反应的敏感性。胎儿在三个月时，人形已基本"塑造"成功，各器官包括大脑和神经系统已分别形成，对母亲的情绪波动和外界的刺激已有反应。

《大戴礼记·保傅》中曾这样阐述胎教的出发点："正其本，万物理，失之毫厘，差之千里。"《颜氏家训·教子第二》："古者，圣王有胎教之法：怀子三月，出居别宫，目不邪视，耳不妄听，音声滋味，以礼节之。"颜之推认为平民百姓纵然不能实施严格的胎教，也应出生后尽早教育，"当及婴稚，识人颜色，知人喜怒，便加教诲，使为则为，使止则止"，认为家长必须在婴儿早期便加以教诲。

孩子出生后，用什么方法教导呢？颜之推提出与后世西方教育家相似的教育理论——寓慈于严。寓慈于严即寓慈爱于严格教育之中，父母教子不失爱心，爱子不忘严教，这是古代教育家推崇的教子法。《颜氏家训》说："父母威严而有慈，则子女畏慎而生孝矣。吾见世间，无教而有爱，每不能然。"①

寓慈于严的教育方法暗合现代儿童教育思想中的"恩威型"。现代育儿风格大致分为四种类型：恩威型、专制型、纵容型和疏忽型②。大量研究表明育儿风格对儿童和青少年的学业成绩有影响。优秀的学生有高度温暖、严格管理、允许儿童心理自主、积极介入学校教育的父母。③ 这类父母多为恩威型父母。故此，教育学家推荐父母采用这种恩威型的教育方法。恩威并重，"寓慈于严"，慈严并重，既严格教导，又慈爱呵护，故这种恩威型是对孩子最有利的一种教养方式。如父母过度放纵孩子或过度专制，可能会把子女养成不知进退，难以适应人类丛林法则的怪兽，最后贻害子孙。

---

① 《颜氏家训·教子第二》。

② 四种类型，加上两个纬度，定型为：恩威型（高要求、高应答），专制型（高要求、低应答），纵容型（低要求、高应答）和疏忽型（低要求、低应答）。见 Baumrind,D(1991). "The influence of parentingstyle on adolescent competence and substance use." *Journal of Early Adolescence,*11:56–95.

③ Chapel,M S, Overton, WF(1998). "Development of logical reasoning in the context of parental style and test anxiety. *Merrill-Palmer Quarterly*, 44(2):141–156.

三、多元与专业：打造通识专才

西方的柏拉图在两千多年前提倡"七艺"：文法、修辞、逻辑、算术、几何、天文及音乐，而中国的孔子约在同一时期提倡"六艺"：礼、乐、射、御、书、数。近年，小学至大学皆设立通识科，这种教育理念源于十九世纪，目的是培养学生独立思考的能力，且对不同的学科有所认识，能将不同的知识融会贯通，最终培养出完全、完整的人。

汉初罢黜百家，独尊儒术，中国文化由多元转趋单一。唯魏晋南北朝恰好是王纲解纽的时代，造就了中国历史上这段思想自由的时期。东汉末年以来，社会矛盾日益加深，社会秩序急剧动荡，上层的统治者无暇钳制人们的思想。一度在意识形态上具有支配地位的儒学，失去了统治地位。知识分子借机跨越儒学的藩篱，在思想理论上别有发展。葛洪在《抱朴子外篇·刺骄》中称当时士人"皆背叛礼教，而从肆邪僻"。而《颜氏家训》也没有专于一时一事，反能容纳三教九流，描写南北差异，书中蕴积多元文化元素历来为人看重。

与当时一般的士大夫不同，颜之推既有才华，又注重实际，其勤奋严谨的治学精神非常值得称道。

他善于观察社会万象,勤于积累资料,无论在建康、江陵,还是在邺下、关中,对于经历的南北各朝朝野士庶中的各类人物、各地风物俗尚,凡所见闻都能笔录整理,结合文献作出必要的考证。

《颜氏家训》全书共二十篇,内容广泛,知识丰富。首篇《序致第一》说明全书宗旨,末篇《终制》叮嘱后事,除《归心第十六》篇崇佛外,其余十七篇,可分为"家庭伦理""品德智慧""思想方法""养生处世"和"其他知识",题材多样。

当中《杂艺第十九》篇分论书法、绘画、射箭、卜筮、算术、医药、音乐、投壶、博弈、游艺等诸多方面。作者指出,当时知识分子对琴棋书画,医卜星相,必须略知一二,因为"尺牍书疏,千里面目也",书法代表人的脸面。身为文人雅士,必善一门乐器,以陶冶性情,"犹足以畅神情也"。此外,医学为实用知识,可用于救急,如能微解药性,"居家得以救急,亦为胜事"。另一方面,颜之推一生历经刀光剑影,故唾弃那些装饰性的"弱弓长箭",反而讲究实用性,"弧矢之利,以威天下,先王所以观德择贤,亦济身之急务也"。

不过,对于这些技艺的掌握程度,颜之推有自己的见解。他在《杂艺第十九》一篇说:"真草书迹,微须留意";又言:"弹棋亦近世雅戏,消愁释愤,时可为之"。他认为一个合格的文人必须掌握这些技艺,但不应花太多时间,只可偶尔为之,因为人的精力有限,应该学有专精。颜之推对实务非常重视,在《涉务第十一》中将国家大事分为六种,而一般人只能做好一种:"能守一职,便无愧耳。"

范文澜称颜之推为"当时南北两朝最通博最有思想的学者,经历南北两朝,深知南北政治、俗尚的弊病,洞悉南学北学的短长,当时所有大小知识,他几乎都钻研过,提出自己的见解。"[1] 作为一本家训,论及如此庞杂的内容,既论杂艺,又论风操和实务,显然作者不是为了炫耀知识,而是希望提撕子孙,既要掌握知识,也要拥有相称的节操;既要家庭和睦,也要教育好后代。选择这样的生活方式,并以此为起点,便是对人对己负责了。

不过,此书写于一千多年前,对今人来说不可避免有些不合时宜的消极内容。比如根深蒂固的男尊女卑、歧视妇女的观念;或是宣扬迷信,以及明哲保身的思想等。颜氏后裔颜嗣慎在明万历刻本跋中说:"观者诚能择其善者,而各教于家,则训之为

---

[1] 范文澜:《中国通史简编》(香港:商务印书馆,二〇一〇年)。

义，不特曰颜氏而已。"故此，阅读《颜氏家训》也应择善而从之。

《颜氏家训》主要刊本有宋淳熙七年（一一八〇）台州公库本，明万历甲戌（一五七四）颜嗣慎刻本和程荣《汉魏丛书》本，清康熙五十八年（一七一九）朱轼评点本、雍正二年（一七二四）黄叔琳刻节钞本、乾隆四十五年（一七八〇）卢文弨刻《抱经堂丛书》本、文津阁《四库全书》本。王利器于一九五八年撰写了《颜氏家训集解》，汇聚近世诸家成果，校勘、考证、辨伪、增补，为近代的《颜氏家训》研究奠下基础。

春庭行乐图

《围炉夜话》导读

帝制末期的秩序忧虑与省思——王永彬及其《围炉夜话》

何淑宜

台北大学历史学系助理教授

相较于晚清之后各方面情势的剧烈变动与各式新事物、新观念的输入，清代中叶的历史发展显得较为沉寂，也较少引起关注。不过，在这个时期，社会中躁动的因子其实随着发生于帝国边区的各种动乱渐次浮现，少数敏感的知识分子隐然感受到他们身处一个将变未变的时代。如何在看似变动不大，实则秩序的根基逐渐被腐蚀的世界中找到安顿身心的凭借，是当时部分士人的重要工作。《围炉夜话》一书正体现了上述的关怀及思考。

《围炉夜话》的作者王永彬生于乾隆五十七年（一七九二），咸丰四年（一八五四）纂成《围炉夜话》。该书初时的流传状况并不清楚，不过据民国三十六年（一九四七）重刊者宋希尚（一八九六—一九八二）自述发现该书的经过，显然此书在清末民初以某种形式流传于社会上。① 另外，由于王永彬一生未离开过家乡湖北枝江，属于地方型士人，他的生平事迹也隐而不彰，直到近年枝江《王氏宗谱》的发现，② 其中相关的记载使我们得以对王永彬其人

---

① 王永彬：《围炉夜话》（台北宋希尚刻本，一九五六年），宋希尚《跋》，页三三。
② 王洪强、周国林：《族谱中关于〈围炉夜话〉作者王永彬的资料考述》，《文献》，二〇一二年第一期，页一三八——一四四。

其事有进一步的认识。

正如作者在《围炉夜话》序言中所说，该书是在"心有所得"，"随得随录"的情况下完成，因此书中的二百二十一则格言，并无任何系统。虽然如此，但是却最忠实地反映出清代中后期一个地方文人对时势与个人生命的思索，而之后该书不断地重刻、出版，也让这本书有了超越作者所处时空的其他意义。《围炉夜话》中所呈现的想法不一定完全适用于现代社会，但是阅读经典的意义正在于透过理解作品产生的时代环境，审视与经典相关的作者、刊印者、读者如何观察时代与社会，如何调处自身跟社会的关系，进而锤炼自己面对多变环境的能力，这也是本书再版最重要的价值。

如今，人已经很难独善其身，安然处于社会之上，而在变动快速的现代世界中，更加难以用一套固定的知识或价值系统框限人们的思想。因此，经典的读法也更为多样化。经典就像一面面的镜子，培养我们"设身处地"思考的态度，让人超越个人生活经验的限制，借由讨论过去的人面对各种公共或个人问题的方法，思索现在社会的难题，寻求解决的良方。以下的解读将分别从作者的生活世界与书的生命两个层面切入，希望以此为引，提供一条理解本书的门径。

一、时代、环境与个人

王永彬（一七九二——一八六九），湖北枝江县（今枝江市）人，终其一生以枝江县为主要活动场所，是一个地方型文人。王氏出生于行商走贩之家，乾隆年间其父王盛才因为经商从湖北咸宁迁居枝江石门村。王永彬年少时即面临修习儒业、参加科举或是随父亲外出商贩的生涯抉择，几经恳求，他终于得以继续读书进学。不过，王永彬的科考之路并不顺遂，最高的功名是在道光二十五年（一八四五）以恩贡生名义获得候选教谕的资格，而担任塾师与协修地方志成为他赖以维生的重要凭借，譬如他曾参与编纂同治年间刊印的《枝江县志》。①

虽然王永彬的功名不显，但是他却是乡里社会的领导人物。咸丰初年太平军侵扰湖北期间，他曾被推为枝江西乡团练团总，负责集训壮丁，维持乡

---

① 清查子庚修《同治枝江县志》，收入《中国地方志集成·湖北府县志辑》（南京：江苏古籍出版社，二〇〇一年），第五十三册，《重修枝江县志姓氏》，页 1b。

里秩序。此外，他十分重视转移乡里风气的工作，曾以俚语形式编纂《醒世歌》一篇，教导村庄妇孺。王永彬死后数年，枝江县学生员曾呈请立其为"乡贤"，虽然没得到朝廷允许，但也由此可见乡里社会对王氏一生的评价。①

王永彬的生平与其他明清时期的士人相较，并不特殊，然而正因为他不是特立独行的人物，更能突显时代、环境因素在他身上刻画的痕迹，以及当时的一般士人面对社会变动所做的反应，因此也更有助于读者理解《围炉夜话》书中的概念，以及地方士人在价值观念传导过程中所扮演的角色。

王永彬的出生地——枝江石门位于长江南岸，是湖北西南山区进入江汉平原的门户，凭借长江方便的水运，以及从西南山地流淌而出，在石门北方与长江交汇的清江水运，在清代，成为湖北货物运输与人口流动的重要交汇点。康熙初年，人口较稀、山林资源丰富的鄂西南山区吸引邻近的荆州、湖南、江西移民入山垦殖，雍正年间改土归流之后，移民数量大增，到乾隆年间达到高峰。②

---

① 关于王永彬生平的记述，参见王洪强、周国林《族谱中关于〈围炉夜话〉作者王永彬的资料考述》，页一三八——一四四。

② 张建民：《湖北通史·明清卷》（武汉：华中师范大学出版社，一九九九年），页二五二。

在这些移民中湖北省内部的人群移动不在少数，同时，迁徙的人口中除了入山垦殖的农民之外，也包括互通有无的商贩，例如恩施县的移民中，就有不少是"荆楚吴越之商，相次招类偕来"。① 水运是中国南方来往流动的人口最方便的交通渠道，枝江由于长江、清江二河交汇，是移民进入鄂西南山区交通路线的行经之地。枝江所产的棉花，② 江汉平原的米粮，以及西南山地的森林、山产资源，吸引商人在此地活动，甚至定居。

显然王永彬的父亲王盛才也在乾隆年间这波人口西移的行列中，而从他落脚长江沿岸的石门村，更可见其职业身份（商人）与定居地之间的关系。由于资料的限制，我们不容易判断王盛才商业经营的规模，但是可以确定，<u>成长于商人之家的王永彬</u>

---

① 清多寿修《同治恩施县志》，收入《中国地方志集成·湖北府县志辑》，第五十六册，卷七，《风俗》，页8a。

② 据学者研究，枝江一地产棉量虽不甚丰，但棉花却是该地的主要输出品之一。《枝江县志》即记载："邑产棉……亩地以百斛计。……贾人多于董市、江口买花入川，呼为楚棉。"（清查子庚修《同治枝江县志》，卷七，《赋役志下》，页7b—8a）董市、江口流经枝江县的长江北岸，顺江而西，会经过王永彬家族定居地石门村附近的白水镇（长江南岸），之后可抵四川。相关研究参见张家炎《移民运动、环境变迁与物质交流——清代及民国时期江汉平原与外地的关系》，《中国经济史研究》，二〇一一年第一期，页五七—六六。

对身边的商业世界并不陌生，而其家后来遭逢变故、家道中落的经历，让他对财富的快速变化体会更深。此外，不顺遂的仕途也让他对功名利禄有另一层次的思考。因此，关于如何处身富贵之境，或是如何面对困穷之局，就成为《围炉夜话》中重要的主题，譬如他说"困穷之最难耐者能耐之，苦定回甘"；又说"富贵易生祸端，必忠厚谦恭，才无大患；衣禄原有定数，必节俭简省，乃可久延"。而财富利禄对个人的影响表面上看似只系于个别人的作为，不过深一层看也与时代环境息息相关，所以他说："以有财处乱世，其累尤深。"

从《围炉夜话》的条目来看，王永彬对财富利禄倏忽来去与个人处境的想法，并不完全新鲜，大多能在之前的时代中寻得类似的说法。不过，如果考虑到他所生存的时代，那么书中不断出现的"骄奢""淫靡""末俗""乱世"等词语，与另一组词汇"安贫""名节""名教""济世""经济"，就不只是先贤劝诫格言的重复，而有彼此对应的关系，也反映出他对当时社会的观察，以及对他所设定的读者——士人的期许。

乾隆末年之后在社会经济繁荣发展的表象下，危机却也潜滋暗长，而王永彬居住的湖北枝江附近正是骚乱的中心地。湖北、湖南、四川、陕南山区在十八世纪之后包纳了为数众多、来自四方的移民人口，这几个位处帝国西南边区的省份也成为社会气氛极为浮动，地方秩序亟待重整的地区。

嘉庆元年（一七九六），白莲教徒聂杰人、张正谟起事于枝江、宜都交界的温泉窑，酿成此后骚扰西南五省，延续八年之久的川陕楚"白莲教乱"。① 另外，咸丰初年太平天国的军事行动对枝江及邻近州县也产生极大的影响。咸丰二年（一八五二）太平军进军湖南岳州，一路北上期间，分兵扰及两湖交界的监利县；咸丰四年（一八五四）太平军再度攻打岳州，又犯及湖北南部的江陵、松滋、东湖等地，邻近县的白莲教徒、土贼等也乘机而起。此后到同治年间，湖北南部数县即笼罩在白莲教徒、土匪、无赖甚至外地乡勇四处为乱、流窜，扰攘不安的情势中，这些势力往往互相援引，因此只要一地发生动乱，邻县也常常随之震动。同时，根据《同治枝江县志》记载，从乾隆中期之后，该地几乎每隔三四年即发生规模较大的水、旱、雹灾，造成米

---

① 查子庚修：《同治枝江县志》，卷七《赋役志下》，页十七。

价飞腾、人民饥馑的现象。①

王永彬一生的大部分时间几乎都笼罩在嘉庆初年到咸丰年间的这几波天灾、人祸之中，他与地方上的士绅深刻地感受到由于无法根植于土地的人群流动频繁，以及官方力量贫弱，唯有以保甲、团练组织良民，联合互保，并施以战技训练，"由一团以至数十团、数百团、千万团"，进一步"合天下州郡皆联为一体"，才能遏阻各种发生于地方内部的动乱因子。②因此，他担任团总，积极参与乡里的团练工作。

不过，王永彬觉得除了在地方防卫上组织乡民，更为拔本塞源的方法应是"挽救人心"。这样的想法显然是当时不少士人不约而同的主张。由于清代中后期频繁发生于帝国腹里边缘的动乱，不仅影响地

---

① 以上关于湖北南部各省动乱与天灾的概况，详见查子庚修《同治枝江县志》，卷七《赋役志下》，页18b—19a；卷二十《杂志》，页6b—10a；倪文卫等修《光绪荆州府志》，收入《中国地方志集成·湖北府县志辑》，第三十七册，卷二十六《兵事》，页30a—32b；吕缙云等修《同治松滋县志》，收入《中国地方志集成·湖北府县志辑》，第四十八册，卷六《武备志》，页13a—20a；金大镛修《同治续修东湖县志》，收入《中国地方志集成·湖北府县志辑》，第五十一册，卷十五《军政下》，页29a—30b。

② 查子庚修：《同治枝江县志》，卷七《赋役志下》，页19b—20b。

方士人的生活，也动摇帝国根基，因此引起其他地区士人的关注，敏感的知识分子感受到社会上有一股浮动、不安的气息，也逐渐体会到必须有所作为的压力。他们针对时局提出的各式意见，幅度有大有小，范围涵盖从个人修身到社会、国家事务的检讨，从学术文化到政治革新，期望从方方面面找到救治情势恶化的药石。①

这个时期的士人对如何挽救时局有一个相近似的意见，就如湖北监利县士人王柏心（一七九九—一八七三）所说："人心以维世宙，学术以维人心。方今政体莫急于此。"② 他们认为社会、政治秩序的维持仰赖于人心之正，学术的目的则在于传扬人们必须遵守的准则（大经大法），确保人心不乱。因此，以当时的情势而言，为官行政的首务是重建标准，引导人心、风俗。这套想法中，人心、学术、政体这三个关键词不是分立的概念，而是环环相扣、彼此相关。而解决问题的根本办法在于士人以身作则，

---

① 有关清代中叶士人时代关怀的讨论，参见唐屹轩《清嘉道咸时期士人的时代关怀》，台北：政治大学历史系博士论文，二〇一三年。

② 王柏心：《百柱堂全集》，收入《清代诗文集汇编》（上海：上海古籍出版社，二〇一〇年），第六〇三册，卷三十二《歧亭三祠碑记》，页10b。

并且积极关切社会，进而改变世风。①

上述主张不脱传统中国儒家政治思想中强调士人为社会责任承担者的思考方式，它在中国历史的演进中不曾中断，只是随着不同的时代、情境，在士人心中有浓淡轻重的差别。显然，在清代中后期，学术与世风密切关联的想法，更为迫切，更引起士人的关注。贺长龄（一七八五——一八四八）编纂《皇朝经世文编》（道光六年刊印）是最为人熟知的例子，王永彬同乡人王柏心纂成《枢言·续枢言》（道光十六、二十四年刊印）倡言"禁末""导俗""防侈"，②也表现了同样的关怀。王永彬《围炉夜话》中关于学问与世风的格言，更是这股思潮的体现。虽然《围炉夜话》设定了一种寒夜围炉，与子孙闲话为人处事道理，有如叙述家训的情境，但是书中的大部分内容其实是针对士人发言，讲述为士之人如何修身，如何面对困穷的处境，如何谨守处于乡党的分际，如何教育子弟，士人的责任，以

---

① 关于传统中国政治思想中士人与社会秩序建立之关系的讨论，参见陈弱水《"内圣外王"观念的原始纠结与儒家政治思想的根本疑难》，《公共意识与中国文化》（台北：联经出版公司，二〇〇五年），页三一一—三五一。

② 王柏心：《百柱堂全集》，卷三十《枢言·续枢言》，页5a—20b。

及学问与经世的关系等。他以格言的形式，表达地方文人的现世关怀。譬如他虽然对"风俗日趋于奢淫，靡所底止"的情况感到忧虑，但还是认为士人可以有所作为，他说："盛衰之机，虽关气运，而有心者必责诸人谋"，所以他强调："性命之理，固极精微，而讲学者必求其实用"，以及"治术本乎儒术"。

为求挽救世风，以下两方面士人从事的工作，别具意义，一是更加严谨的个人修身，另外则是编辑劝谏类书刊。清代中后期不少接受理学思想的士人开始实行一种强调日常生活更为节俭、对内心的省察更为严格的生活方式。① 譬如道光八年（一八二八）担任提督湖北学政的贺熙龄（一七八八——一八四六），除了在掌教期间倡导"有体有用之学"，晚年回家乡长沙后，更刻意布衣蔬食，与友人共订《八箴约》，约定节制饮食，并根据明末洪应明的《菜根谭》一书，将书房取名为"菜根香"。② 在《围炉夜话》中，王永

---

① 如学者提到清代道、咸年间倭仁等士大夫以修身日记互相规过、省察。参见王汎森《近代中国私人领域的政治化》，《中国近代思想与学术的系谱》（台北：联经出版公司，二〇〇三年），页一七一——一七二。

② 《贺熙龄集》（长沙：岳麓书社，二〇一〇），《寒香馆文钞》，卷一《八箴约》，页一一；唐鉴；《诰授朝议大夫掌四川道监察御史贺君墓志铭》，页二〇四；《提督湖北学政贺蔗农先生崇祀乡贤录》，页二〇九。

彬对个人修养也表现出同样的态度，他强调节欲的重要，认为"饮食男女，人之大欲存焉，然人欲既胜，天理或亡"，因此主张"守身必谨严，凡足以戕吾身者宜戒之；养心须淡泊，凡足以累吾心者勿为也"，而且这种修身的紧绷状态没有假期，也没有期限，是一生的功课，他说："检身心于平日，不可无忧勤惕厉工夫"，"人面合眉眼鼻口，以成一字曰苦，知终身无安逸之时"。对自我修养、省察的重视，也影响他对前人思想的解读，不同于晚明到清代大多数人对王阳明（一四七二——一五二九）的理解，他更读出王阳明思想中对自身修养的紧张性，他说："阳明取孟子良知之说，恐人徒事记诵，而必使之反己省心，所以救末流也。"我们并不能将清代中后期士人修身、节欲的主张，单纯视为是在实践理学理念，对他们来说，修身的最终目的不只是在完善自己，更重要的是以行为救济言论之穷，同时以己为范来"救世"。

　　由于强调日常生活中的实行，因此怎么指引人的行为，以及什么是这个时期最急需而适切的行为指引等，成为必要思考的课题。清代中后期大量格言式、人物典范类书籍的刊印，多多少少反映了这样的风气。这些书籍大体包括以下几类：一是先贤语录或事迹的重新辑录，如《人鉴》《剿世要法》《洗心篇》《劝善诗集》等。此外，当时也出现许多以《先正格言》为名的名言录，王永彬就曾辑印《先正格言集句》一书。第二类是仿照家训形式书写者，如《围炉夜话》《牧儿语》。第三类则是重刊宋代以来各种劝諌类书或学规，譬如《菜根谭》《重刊朱子鹿洞遗规》等。

上述书籍的辑录或刊印者大多功名不显，主要活动于地方，但是对地方事务十分热心，例如《洗心篇》的编者杨振声，仅获得同治丁卯科举人的功名，不过长期在家乡湖南善化主持救婴社、惜字会；湖南祁阳县生员徐钟琅不仅刊布《先正格言》劝世，更热衷于在乡里中讲解圣谕，教化百姓；[1] 道光年间编辑《先正格言》的松江府生员姜皋长期担任幕友，对于松江府的农田水利问题极为用心；[2] 与王永彬相交甚笃的远安县生员周维翰曾任清溪教谕，他在道光末年撰写《牧儿语》一书，力求以浅近的语言，传达敦伦教家的道理，希望有助于世道人心，[3] 以他

---

[1] 两人事迹参见曾国荃：《（光绪）湖南通志》（台北：华文书局，一九六七年），卷一七六、一八六，《人物》，页26a、40a。

[2] 姜皋等辑：《先正格言》（台北汉学研究中心藏道光十五年刊本），《序》，页1a；杨开第修：《光绪重修华亭县志》（上海：上海书店，二〇一〇年），卷十六，《人物五》，页39b。

[3] 郑燡林修：《同治远安县志》，收入《中国地方志集成·湖北府县志辑》，第五十册，卷四，《老寿》，页7a；卷六，《艺文》，刘子垣撰《牧儿语序》，页18b—20a。

与王永彬的熟稔，两人先后撰写劝世书籍，恐怕并非巧合。

宋代以来的理学家常有纂辑先贤语录，锤炼学问的习惯，譬如晚明关中学者冯从吾（一五五七——一六二七）辑《先正格言》修养身心，之后学术造诣大进。① 不过，清代中后期地方文人编辑这类书册则是另有考量，《人鉴》编者田畯菴的想法可为代表。对他来说，当时是"名教凌替，风俗薄恶"的世界，怎么改变？他提出的办法是：以孝悌、忠信、礼义廉耻的精神为"堤防"，为"藩篱"，而古人的言行就是最适切的楷模。② "堤防"跟"藩篱"的说法很明确地表达出，借由编书、刊书、宣讲圣谕、重建地方书院等活动，他希望将逐渐散乱的社会秩序重新整备起来，而他心中的理想世界则是以古代经典所传扬的伦理价值为主要骨干。试看《围炉夜话》中所描绘的处事方式，王永彬告诫读者，应该"和平处事，勿矫俗以为高"，认为"人世险奇之事，决不可为，或为之而幸获其利，特偶然耳"，因此

---

① 清邹鸣鹤:《道南渊源录》，收入《四库未收书辑刊》（北京:北京图书馆，一九九七年），九辑七册，卷八，万斯同撰《冯仲好先生传》，页8b。

② 王柏心:《百柱堂全集》，卷三十三，《人鉴序》，页1a—2b。

"凡事谨守规模,必不大错"。他推崇一种不外显的人格特质:"朴实浑厚""谨慎""不妄为",如颜渊;相对的,"气性乖张""浮躁""聪明外散"之人则不可取。从上述刊印的各种书籍,可以感受到这批士人急切地寻求救世良方的热烈心态,而也可以看到他们以回头向过去找寻资源的方式来对抗社会变化,因此,他们向往一个伦理更加谨严,秩序更加牢固的社会。

二、书的生命史:《围炉夜话》的再版

《围炉夜话》于咸丰四年(一八五四)初刻刊印之后的流传状况,由于资料缺乏不易做完整的描述。不过,该书极可能是以善书的形式流传在清末民初的社会。民国三十六年(一九四七),青岛港工程局长宋希尚无意间在青岛海滨的湛山精舍发现该书,宋氏本着其父生平好刊印善书劝俗的习惯,出资翻印该书。① 这是《围炉夜话》现代版最早的出版记录。山东崂山的湛山精舍由民国初年在北方弘扬佛法的倓虚法师(一八七五——一九六三)所建,用作居士的讲道修行之所,宋希尚派任青岛期间常

---

① 王永彬:《围炉夜话》,宋希尚《跋》,页三三。

与其妻前往该精舍听法。① 虽然《围炉夜话》的各项条目主要体现的是儒家的价值观念，但是在明清时期儒释道三教合一的风潮下，原本为佛教或道教徒而作的劝善书，内容随之扩大，忠孝观念、阴骘思想、积善消恶、因果报应等想法都包括在内，而社会上大量存在的居士，更是推动善书刊印的主力之一。虽然王永彬书写《围炉夜话》时设想的对象是士人，但是该书的内容颇为符合应世劝善的精神，因此，被视为善书而加以翻印，并不令人意外。

《围炉夜话》是一本字数不多的小书，文字浅近、明白、容易理解是最大的特色。正因为这些特质，自清末以来它得以长期在社会上流传。从书的内容、作者的时代及翻印者的想法等各方面观察，可以看到围绕着这本书的出版，有几个不同层次的意义。作者王永彬希望用这本书提倡一种以儒家伦理观念为指引，更俭朴、更严整的生活态度，以求挽救他所认为自清中叶以来，日渐松散的社会。书籍刊印后，本书以善书的形态，隐隐暧暧地延续自身的生命；到了一九五〇年代之后，它则挂搭在一

---

① 宋希尚，《记倓虚上人与我一段因缘》，收入《倓虚大师追思录》。

波波道德重整运动中,再度成为时人心目中可以砭俗醒世的指南。书籍值得被重印、重读不一定在于它所传达的价值理念与世界观不可动摇,而在于与书籍相关的作者、翻印者与时代,提供给不同时期的读者思考自身跟环境关系的参考。因此,了解书的意义是第一步,下一步则是借由反思,摸索个体与社会的互动模式,寻出当代的出路与价值。

跋

为读者开启通往传统经典的大门

二十一世纪是中国踏上"文艺复兴"的新时代,中华文明再次展露了兴盛的端倪。饶宗颐教授曾这样说过:"二十一世纪是重新整理古籍和有选择地重拾传统道德与文化的时代",作为一家出版机构,该如何理解中国传统文化的新发展与新出路?对于中国传统文化的出版与阅读,又该为当今读者提供什么样的新体验呢?

二〇一二年,恰逢中华书局创办一百周年,为纪念百年华诞,同时也为了更好发挥中华书局(香港)有限公司的优势和特点,我们决定在坚守"弘扬中华文化"的创局宗旨基础上,从更具时代特点、更广阔的文化视野出发,邀请大陆及港澳台知名学者,运用新思维、新形式,选编一套面向当代大众读者尤其是青年读者的中华传统经典丛书。

这一构想提出来后,得到了饶宗颐教授及其他一些学术大家的充分认可。我们迅速筹建了以饶宗颐先生为名誉主编,由李焯芬、陈万雄、陈耀南、陈鼓应、单周尧、郑培凯诸教授组成的丛书编委会,经过认真论证,最终确定丛书名为"新视野中华经典文库",全套丛书共计五十分册,收入五十五种经典,涵盖中国古代哲学、历史、文学、佛学、医学等各个方面。"文库"精选具有传世价值的经典作品及最佳底本，广邀大陆及港澳台专研精深的学者予以导读、赏析和点评，力图为今天的读者搭建一条沟通古代经典与现代生活的桥梁。

传承文化，责任綦重。成书过程中，我们一直诚惶诚恐，每一本作品都经历了往复讨论、不断修订，几易其稿的过程是艰辛的。幸而有一群学养一流、恳切热忱的作者共襄盛举。他们都是本研究领域的专家、名家，却以一种谦慎的姿态来配合出版方，或说是满足当今读者的要求。他们在反复比较中精选最优底本，采撷精华章节，并参酌其他版本厘定字句乃至标点、读音等细节；特别是为配合普通读者、年轻读者的阅读口味，更力求导读清新流畅、赏析扼要浅白，很多导读读来如一篇优美晓畅的散文，许多点评则令人会心一笑，心有戚戚焉。他们的细致、负责，满溢着对传统文化的热爱以及对传承文化的热切，使人感佩。

悠悠五载，五十册图书终于全部呈现给读者。令我们欣慰的是，丛书陆续推出后，受到了读者的持久欢迎，尤其是每年在香港书展上，都会有不少读者特别是中学生前来问询、购买；同时，这套书也荣幸地被中信出版社看中并引进到内地，出版简体字版本，惠及广大内地读者。

不过，由于编辑学养有限，不免挂一漏万，一些细心的读者给我们写来了邮件，指出错漏。这令我们既感激，又惭愧，唯有及时修订、精益求精，用更负责任的态度和更大的热忱，来回报读者，反馈社会。

为令读者更高效、便捷阅读此套丛书，吸收传统智慧，本局将这五十五本经典的导读抽出，结集为一套四册的《经典之门：新视野中华经典文库导读》系列，分为"先秦诸子""哲学宗教""历史地理""文学"等篇。这套书又被华夏出版社引进到内地。如果说"新视野中华经典文库"是我们希望给读者开启一扇通往古代经典的大门的话，那么这些导读所构成的"精华中的精华"，则是开启这扇经典之门的钥匙。

香港中华书局编辑部
二〇一九年一月